天下文化
BELIEVE IN READING

樂在工作

在工作中得到成功、財富與幸福

The Joy of Working

The 30-Day System to Success, Wealth, and Happiness on the Job

丹尼斯・魏特利　芮妮・薇特
Denis Waitley　Reni L. Witt

尹萍 譯

BWL 088

序
「樂在工作」與「優質人生」

高希均

自我鼓舞

我從來沒有爲一本書推薦過三次，寫過三次序。這次的例外，當然來自我對這本書的情有獨鍾。在台灣這個功利而又不太讀書的社會，一本正正派派、乾乾淨淨的書，能在十四年的時間中，持續地銷售二十五萬册，算是一個難得的紀錄。

回想十多年前我自己讀到原文時，就被兩位作者優美的文字與雋永的理念所感動。透過尹萍女士的譯筆，可讀性更高。

《樂在工作》（*The Joy of Working*）是由兩位美國著名的行爲科學家魏特利（Denis Waitley）與傳播學家薇特（Reni L. Witt）所合寫。他們很有說服力地告訴讀者：如何透過一連串的自我鼓舞與自我追求，可以在工作中得到這些樂趣。

工作的樂趣不是天生而來的，需要靠工作者的自信、毅力、謙虛、堅持……。他們在書中以一個月三十一天的時間，要讀者每一天學習一種進取的觀念。這本書很生動地提供了這麼多令人鼓舞而又實用的觀念，大家都可以從這些觀念中得益。

不能沒有工作的樂趣

人的一生中，可以沒有很大的名望，也可以沒有很多的財富，但不可以沒有工作的樂趣。

工作是人生中不可或缺的一部分。如果從工作中只得到厭倦、緊張與失望，人的一生將會多痛苦；令自己厭倦的工作即使帶來了「名」與「利」，這種光彩也是何等的虛浮。

要從工作中得到樂趣，首先不要讓自己變成工作的奴隸，而要把自己變成工作的主人。無止境的日夜工作正如無止境的追逐玩樂一樣不可取。

工作不是爲了生存，而是要把個人的生活賦予意義，把一己的生命賦予光彩。帶給自己工作樂趣的不是最後達到的終點，而應當是工作的歷程。一個演員的快樂，要來自演戲的過程；正如一個老師要在教學中得到快樂一樣；也正如一個待產的母親，她的快樂不只是來自嬰兒的誕生，同樣地要來自懷孕的期待。

大部分的工作都可以靠訓練來勝任，有些工作則非要靠天賦，如要作一個出色的音樂家、文學家、運動員等，但沒有一項成就不需要經過苦練。

不要忽視成功的代價

世間有形形色色的人，從事形形色色的工作，產生了形形色色的結果。

有人羨慕明星的風采，但掌聲後面有多少辛酸？

有人羨慕首長的地位，但權位後面有多少犧牲？

有人羨慕文學家的才華，但傳世之作後面又有多少掙扎？

有人羨慕企業家的財富，但投資後面又有多少風險？

一般人只看到「一將成名」的榮耀，漠視了「萬骨枯」的代價。

更值得指出的是：被社會上公認爲成功的人物幾乎都有一個共同的特徵：他們對工作的熱情與執著。他們從工作中得到樂趣——如地位、財富、冒險的報償、及理想的實現。

在他們的生活中，工作就是樂趣。

作工作的主人

大多數人都是平凡的，但大多數平凡的人都想變成不平凡的人。這是社會進步的一股力量。可是，就當事人來說，就產生了心理上的壓力與情緒上的掙扎。不論我們是否能變成一個不平凡的人，但每一個人都應當從工作上得到樂趣。工作的樂趣如健康一樣珍貴，但有時比名與利更難得。

工作樂趣的觀念有時繫於一念之間，就能把工作的痛苦轉化成工作的樂趣。此一轉念對個人是煩躁的大解脫，對社會是生產力的大提升。

我一直認爲：追求財富常會失望；追求權力常會落空。現在我們再要提倡：追求工作的樂趣正如追求知識一樣，既不會失望，也不會落空。

「工作」是社會對我的要求；「樂在工作」則是我對自己的要求。一位「樂在工作」的人對得起社會，也才對得起自己。

優質人生

在台灣經濟成長快速發展的過程中，大家都付出了可貴的代價。它包括了工作的過勞、生涯規畫的扭曲、健康的耗損及家庭團聚的犧牲；對整個社會所產生的外部成本，

至少也包括了交通的擁擠、生態的破壞、資源的消耗、犯罪的增加、人際關係的淡薄……。

因此，當「小康」已經普遍出現在台灣社會時，人民應當要及時修正貧窮時代心理上常出現的貪婪、自私與占有欲。

優質人生是要在財富與欲望之間取得平衡，最終目的即是要活得快樂。活得快樂比活得富裕更重要。

讓我們來描繪一幅「優質人生」的圖像：

(1) 工作要做得出色。
(2) 家庭要細心愛護。
(3) 財富要取之有道。
(4) 言行要表現品味。
(5) 消費要知所節制。
(6) 時間要合理安排。
(7) 閱讀要養成習慣。
(8) 有益的嗜好要培養。
(9) 公益活動要參與。

⑽　永續發展要支持。

這樣的「優質人生」是今天每一個人都可以擁有的。它不需要靠大量財富、權勢、名位來獲得；但它需要一些智慧、一些品味、一些割捨來追求。

這樣追求所贏得的是快樂，而非快感；是分享，而非分贓；是奉獻，而非奉順。最重要的是，我們同時擁有了「樂在工作」的現實層次與「優質人生」的高貴境界。

（本文作者為美國威斯康辛大學榮譽教授

作於二〇〇〇年九月二十七日）

中文版序
活在當下

魏特利

《樂在工作》是一份愛的獻禮。我與我的合著人畢生致力於幫助不同國家的人，尋找一份眞正喜愛而且有益他人的工作。我們鼓勵他們以滿腔的熱忱、執著與努力，爲理想而勇往直前。

我生長在經濟大蕭條過後、第二次世界大戰期間的美國。在那段人格形成階段中，祖母是我最重要的啓發者，而她最崇拜的偶像是蔣介石夫人。一九四三年，在我家鄉的地方報紙上，曾刊載一份蔣夫人的廣播稿。祖母親手寫下這份文稿，至今我仍珍藏著：

歷史告訴我們，凡事有因必有果，每一步行動都會帶來影響。中國俗諺說：「種瓜得瓜，種豆得豆。」日常生活上也是如此；善有善報，惡有惡報。

誠然，聖者與罪人同受陽光的照耀，而且往往邪惡勢力看似猖狂。然而不論對

個人或國家，我們都可以斷言，惡勢力的興盛只是幻象，因爲我們的功過得失都記載在生命的史册上。

到最後，我們就是畢生言行的化身。個性不能仿冒，更不會像是一件隨興所至而穿上或扔開的外衣。就像年輪深深刻在樹心一樣，個性的成長和發展需要時間和培養。因此，隨著歲月流逝，我們寫下自己的命運，無可避免地反映出本身的所作所爲。

這幾段話不僅讓人追憶起那個飽經戰亂的年代，更成爲我的立身法則。眞正的快樂植根於實際生活的體驗，而不是取決於外在的財富、地位或頭銜。快樂是日復一日的生命旅程，而非目的或終站。

縱觀歷史，沒有一個社會不是在盛世植下敗根。到目前爲止，世界上每一個曾達到經濟與文化顚峰的國家，都會安於既有的成就，一味追求逸樂、自滿自大，甚至把歷經萬難才學到的正直與價値觀抛諸腦後，終於動搖衰頽。領導人變得妄自尊大，勞工變得自私自利；享樂成爲追求的目標，權力成爲衆人崇敬的神祇。這樣的惡性循環，就像四季變換與生命週期一般淸楚可見。然而，這並不是必然的結局。因爲我堅信，我們不僅可以由「受」中，也可以由「施」中發現喜悅。

我相信成功使生命更多采多姿，讓我們感覺自己更有價值。無庸置疑，財富是爲善、爲惡與一切研究的動力來源，就像必須先在農地上播種，才能生產出糧食一樣。然而成功不是取決於我們「獲得」了什麼，而是在於我們如何持續耕耘現有的一切。

一位富有且快樂的紐約房地產經紀商陳述：「我本來可以賺更多的錢；但卻寧願選擇夜夜好眠。」這位經紀商已經找到人生理想的組合：內在兼外在的成功。只因他了解，成功不假外求，完全繫於一心。人生至樂之一，是在辛苦工作一天之後，舒舒服服睡個好覺。

感念來時路

眞正的智者，總是心懷感激。首先要感念的是上天最大的恩賜——能夠活著，並且身體健康，可以勝任工作。感激現在擁有一份工作，或正接受職業訓練，甚至，可以四處找工作也是一件値得高興的事。感激每月所領的薪水，讓家人衣食無虞，並爲將來儲蓄。感謝身邊共事的同僚，因爲友誼是生命中最可貴的一件恩賜。

針對個人的環境，你也許可列出更多値得感謝的事——你的員工、亦師亦友的上司、富挑戰性的工作、讓你保有飯碗的顧客，以及你爲更美好的世界所貢獻的心力等。

《樂在工作》便是在細數生命的恩賜中誕生，書中體認、欣賞、並感激日常生活中

珍貴的點點滴滴。把每天的生活當作攀爬一座高峰；偶爾遙望一眼峰頂，讓你更堅定目標；但每一處旅程，也自有不同的好山好水等著你來欣賞。慢慢地爬、穩健地爬，享受每一刻行經的時光。在到達峰頂、往下俯瞰的剎那，將是整個旅途的最高潮。

成功不是終點，而是這段遍歷好景的旅程。眞正的喜悅，不在擁有你所愛，而是愛你所擁有。

樂在工作

目錄

第*1*天

尊重自己

Often-times nothing profits more than self-esteem,

grounded on what is just and right.

—— *John Milton*

適當而正確的自尊，

往往比其他任何東西更能使人獲益。

——密爾頓

你的工作中最值得重視的人就是你，你是最有價值的人。沒有人能完全取代你的位置，沒有人能像你一樣。每天你把自己獨一無二的特質帶進工作中，你的才華、能力、知識、技術、個性，甚至你認爲不足爲奇的做事方法，都是你能貢獻給工作的特質。你也許尚未盡展長才，甚至可能還沒了解到自己是一個多麼有價值的人。

你是不是私下自忖：「唉，我並不重要，我做的事許多人都在做。」或是：「不錯，我當了業務經理，但我是靠關係得到這個職位的。誰都可以做我的工作。」

不論你從事的是哪一行、職稱是什麼、薪水拿多少，這些跟你能不能享受工作樂趣都沒有多大關係。要能享受工作樂趣，最重要的基石是：自尊。

什麼是自尊？

尊重自己是尋得工作樂趣的第一把鑰匙。自尊是成功的基石，它是你靈魂深處自珍自重的感覺。能享受工作樂趣的人，都會發展出自重自信的強烈信念。這種美好的感覺未必是與生俱來的，說不定在青少年時期，他們也曾爲了種種因素而自認爲愚蠢笨拙，但在成年就業之後，他們在實際體驗中學會了欣賞自己。

健全的自尊不是自我陶醉，不是寬以待己，也不是妄自尊大。健全的自尊是了解並欣賞自己的價值，把自己看成獨一無二的人，擁有獨特的才華與能力。其實，英文的

「尊重」（esteem）這個字源自拉丁文，意思就是「給予很高的評價」（to value highly）。

如果不能先尊重自己的價值，是不可能重視他人價值的。認爲自己的工作和努力有價值，才能體會出別人的工作價值何在。激勵自尊、自求多福，都由你自己掌握。也許你尚無所成，但只要有成就一番事業的潛能，一樣能擁有自尊。

全力以赴

許多事業有成的人士都由工作中獲得自尊，他們知道努力做好工作，將使內心洋溢著滿足的快樂。不一定要讓全世界都知道你的成就，事情的成敗其實也無關緊要，重要的是你知道自己盡了力，曾爲這項任務全力以赴。

可是有些人在工作上卻抱持著這樣的態度：「少費心力，多得好處。」跟一般人的想法恰恰相反。這種消極的態度其實比全力以赴更費心思和力氣，而且以這種消極方式工作會傷害你的自尊心，因爲在內心深處，你知道自己沒有把潛能表現出來。

唯有認定自己的能力，你才會成功。你是不是曾經這樣告訴自己：

- 我無法想像自己會成功。
- 我很想成功，可是我經驗不足，學歷也不夠。
- 我沒法出人頭地，因爲我太矮（或太胖、是女人、出身貧寒等等）。

事實上，大多數人的失敗和頹喪是自己胡思亂想造成的，結果他們都害怕去嘗試。我們大都知道、或在書報上讀過這類故事：有些人才智並不出衆，卻在事業上大放異彩；有些人歷經重大打擊和困頓，卻仍然堅強奮鬥，終於成爲偉大人物。

但爲什麼許多人無法想像自己也能有此作爲？他們會說：「不錯，他們做到了，有些人也正如此做，但我不能，因爲……。」

他們養成了失敗的習慣。養成的方式有兩種：

- 增強失敗的信念——有回顧過去失敗經驗的習慣。
- 預期失敗——有想像前途多舛的習慣。

他們缺乏充分的自尊心，不敢相信自己的夢想是可以實現的，也不準備有所成就，所以走的是一條死胡同。難怪有這麼多人覺得在工作上陷入困境。因爲在他們的自我意象中，失敗已是注定了的。

另外，絕不要打擊自己——工作環境本已充滿打擊，可不要再對自己落井下石。

自尊需要學習

不論眼前的工作要花多少時間或看來多麼困難，要相信你自己。曾有一位大學教授，他的妻子患了聽覺障礙。爲了發明改善她聽覺的裝置，他製成了一種複雜的器具，

比一般人想像中的更爲複雜。他遍訪新英格蘭各州，希望籌得資金以實現構想。但所到之處，生意人都譏笑他：「一毛錢就可以買到一打構想。你的計畫注定要失敗。」他們告訴他，人的聲音不可能透過電線傳送。感謝天，貝爾（Alexander Graham Bell）自尊自信，堅持到底，雖然有一度他唯一的報償只有他對自己的信心。

我們往往故步自封。在一九〇年代，最偉大的物理學家和航空工程師都相信，音障是不可能打破的，任何人或物移動的速度達到音速時便會粉碎。只有一位飛行員義格（Chuck Yeager）不信這一套，他不認爲有「音障」這回事。果然，他飛越了音障。

即知即行

1. 永遠以微笑面對工作夥伴、老闆和部屬。這聽起來雖然簡單，但笑容確實能夠讓你尊重自己，並與他人共享這種感覺。成功的人在工作中遇見人時，幾乎總是面帶微笑。
2. 工作中接聽電話或打電話時，心情要愉快，聲音中蘊含笑意，並要立即自報姓名。如果對方不知你是何許人，告訴他你的公司名稱，並簡短說明

打電話的用意。上述作法雖然簡單，卻能讓對方了解，打電話的人是一個值得尊敬的人。

3. 工作表現受到讚許時，一定要說「謝謝」。不必貶低自己的成就，也不必竭力求取更多的讚揚。簡簡單單說一句「謝謝」，是有自尊心的人恰當的回答。

4. 不必理會別人加諸你的褒貶。若有人在工作上輕視你、嘲笑你或排斥你，要了解這不是你的失敗，而是代表對方的無知與缺乏自尊。

5. 不要參加互吐苦水的牢騷聚會。加入這類談話，雖好像是同仁之間的「團結」表現，其實卻是登上一艘即將沈沒的船。你應該找一些成功、愉快的人物作為典範。多和熱愛工作的人交往，有自尊心的人常能感染別人。

你可以建立自尊，享受工作樂趣，只要你每天早上起床時心裡這麼想：我是最值得重視的人！

第2天

自我交談

The practice of positive self-talk is perhaps the most important key to the permanent enhancement of self-esteem.

——*Denis Waitley*

不斷在內心自我交談，
肯定自己的一切，
可能是永保自尊的首要關鍵。

——魏特利

在第一天，我們討論了自尊的重要，它是享受工作樂趣的基本要素。當你不斷地在心裡告訴自己：「我是最有價值的人」這句話時，你已經在實踐「享受工作樂趣」的第二個原則——跟自己說話了。

不斷在內心肯定自己的一切，可能是永保自尊的首要關鍵。為了能夠喜歡自己和自己的工作，我們必須不斷在內心肯定自己的成就和表現，以強化自己的形象。

為了能夠享受工作的樂趣，我們每天都必須以自我交談的方式，來加強自己的心理建設。

心底的卡式錄影帶

每個人的心中都有一卷「卡式錄影帶」，帶子的內容非常複雜。當我們三十歲時，它就包含了大約三兆個我們自己的影像。我們也許沒有意識到這個卡帶的存在，但它的確存在每個人的心中。

這個有關自我形象的紀錄，是由我們對自己的信念和想法所造成的，其中包括了我們對自己的看法，以及別人對我們的評語。更重要的是，它記錄了我們每一分每一秒對自己說的話。

每個人都會以言語、影像和情緒對自己說話，每分鐘約三、四百字。在睡眠以外的

每時每刻，我們都在評斷自己和自己的工作表現。而評價的高低，決定了自尊心的有無。

要多留意這種無聲的自我交談。每一個人都在不知不覺中，不斷地評斷和預估自己的每一項行動。這時，內心深處的自我交談也不斷地在塑造你對自己的看法。

相由心生

多年前《讀者文摘》上有一篇文章，報導了一項以高中籃球校隊為對象所做的實驗。這群球技不相上下的年輕人被分為三組。第一組規定一個月內不得在球場練習投籃；第二組規定一個月內每天下午在球場練習投籃一小時；而第三組則規定一個月內每天下午想像練習投籃一小時。

一個月結束後，所有球員接受球技測驗。不出所料，第一組的投籃平均成績退步了。第二組則進步了二%，但出人意料的是，第三組的平均成績也進步了二%。想像之中沒有失誤。除非你想要失誤，或是已養成了消極思考的習慣，否則是不會有失誤發生的。

不論是成功或失敗，都可能產生消極的自我交談。比方說，你做成了一筆生意或及時交出了一份報告，卻很可能消極地對自己說：「天啊！這次真僥倖」，或是「但願下

次不會誤了期」。

另一方面，如果失掉了一筆生意、犯了一項錯誤、或遲交了一份作業，你也可能消極地對自己說：「我眞是個笨蛋」、「我又做錯了，我永遠做不好」，或是「我早就知道我辦不到」、「我總是這麼倒楣」、「我又何必白費力氣？」其實事後的自我交談和事前的自我交談同樣重要，它們能證實、也能打破你的自我形象。

一般而言，學會積極自我交談的人在犯了錯誤或遭遇失敗之後，會對自己說：「這不像我平日的作風」、「下次我要換一種方式」、「我會再接再厲，但下次我要準備得更充分些」。

就某方面而言，從失敗中學習成功，就像幼兒學步一樣。一再嘗試，一再跌倒，磕頭碰腦，功敗垂成，最後跌坐在地。不同的是，幼兒不會把跌倒和失敗混爲一談，而只把它視爲一時的不便，他的下一個念頭是爬起來再嘗試。

我們也應該抱持這種態度，在心中訂定目標，不斷嘗試，接受失敗，然後以重生的精力或嶄新的角度，再度瞄準目標前進。自我交談增強了我們對成功的渴望，而終致成功。這份經驗會留存在我們內心的卡式錄影帶中，下次需要時，它會重新顯影。

重播自己的光榮史

不快樂的人討厭自己的工作和生活。他們放映內心的錄影帶時，只會不斷重播失敗的情節，藉以一再回顧過去的創傷、錯失的機會，以及失敗的結果。

但熱愛工作的人一再重播的則是過往的光榮史。他們清晰地記得自己的每項小成就、獲得的讚揚，以及圓滿達成的任務。尤其在遭遇緊張、挫敗或失敗時，他們會在心中按下「立即重播」鈕，使過去積極成功的形象馬上再度浮現。這份來自內心的鼓勵使他們重獲力量，恢復樂觀，於是得以再度創造機會，克服困難。事後，這次的成功經驗又留存下來，爲「光榮史」再添一章。由此可知，要建立自尊，事後與事前的積極自我交談同樣重要。

若能善用言詞、影像和情緒等方式重播自己的光榮史，更能增添工作的樂趣。

即知即行

1. 向別人談論自己時，請用積極肯定的形容詞和副詞。對自己談話時，更是需要用積極肯定的詞句。積極想法加上積極的言詞更能振奮你的精神。

2. 將你的專業才能和個人優點簡單明瞭地列在一張紙上，其中包括你所有的技能、經驗和潛力。換句話說，寫下你的長處。每週瀏覽一次這份一頁的自傳。這是你對自己談話的腳本。

3. 每天撥出幾分鐘的時間，想像自己達成心中最大願望並享受成果的情景。想像自己做成一筆生意、獲得晉升或加薪，在內心體驗事業有成的美妙感覺。這樣做，就是給內心的錄影機增加了一卷可以立即播放的錄影帶。

4. 人非聖賢，孰能無過？每一個人都會有不順遂的時候。自覺表現不佳的時候，你應該告訴自己：「這不像我平日的作風，我可以做得更好的。下次我要更加努力，或換一種方式進行。」然後在內心擬想正確的作法。

積極的自我交談是一種學習而來的習慣，但要養成習慣必須每天練習。

享受工作樂趣的第二個要素是：每天花一些時間來重溫並強化自己的光榮史。

第*3*天

態度積極

Enthusiasm is contagious. It's difficult to remain neutral or indifferent in the presence of a positive thinker.

—— *Denis Waitley*

熱忱是會傳染的，在一個積極有勁的人面前，
你很難保持冷漠的態度。

——魏特利

有了健全的自尊，又能以積極肯定的方式和自己說話，就像是在心中撒下了快樂與成功的種子，而現在該讓種子發芽了。培養快樂不可或缺的營養素是積極的態度。積極的態度能滋養身心；正確的態度能幫助你度過工作難關。

反過來說，消極的態度絕對有害身體健康，也會扼殺原本可以獲得的快樂。消極的思考方式的確會令人生病，情緒低落。

這是誇大的說法嗎？其實不然。因爲科學已經證實了這個說法。

樂觀與鎮靜劑

爲什麼積極的心理態度，是獲致健康與幸福的首要特質之一？最近在精神藥理學上的發現可以解釋這個問題。

醫學研究人員發現，人體會自行製造天然嗎啡素，在腦部和脊髓等特定的部位活動。這種自然生成的體內鎮靜劑叫做腦啡（endorphins），由大腦分泌和使用，能減輕痛感，過濾令人不快的刺激物。有了腦啡，確實能使人內心祥和安樂。

臨床研究發現，憂鬱症患者都嚴重缺乏腦啡。這項發現可能是醫學上的一大突破，是人們了解沮喪與喜樂來源的開端。快樂的人很可能體內都充滿了這種天然鎮靜劑。

更重要的是，行爲研究學者已經漸漸發現，抱持樂觀的想法和積極的態度，可以刺

激人體製造腦啡。

勝利循環

你聽過「惡性循環」吧？所謂的惡性循環是指，一個問題會引發另一個問題的產生，而新產生的問題又會使原先的問題變得更加嚴重。如果將這種說法套用在前面的研究發現，我們即可推論：消極的思想會耗盡體內的腦啡，導致心情沮喪；由於心情沮喪，腦啡的分泌量更加減少，於是消極的想法變得更加嚴重。

現在有愈來愈多的科學證據顯示，積極的心理態度能激發高昂的情緒，幫助我們忍受痛苦、克服抑鬱，化緊張爲精力，並且凝聚堅忍不拔的力量。

還有一個相關的研究實驗：在演員身上貼附電極，插上動脈導管，然後要他們表演各種戲劇情節。實驗結果發現：當他們演出憤怒、沮喪或絕望的角色時，體內腦啡的含量即隨之降低；但當他們表現喜樂、有信心和愛戀之情時，腦啡的含量卻隨即驟升。

科學已經證明，積極的想法能激發腦啡；腦啡又轉而激發樂觀和幸福的感覺；這些感覺反過來又增強了積極的態度，這就是我們所說的「勝利循環」（victor's circle）。

態度能感染他人

每個人都要爲自己的行爲和態度負責。快樂、對自己滿意的人，在生活中能夠自創幸福。境遇是自己開創的，他們的積極態度造就了自己。

不論是對辦公桌後的女祕書，或是展示室裡的推銷員而言，積極的態度都非常重要。熱忱是會傳染的。在一個積極有勁的人面前，你很難保持冷漠的態度。積極的人會散發出精力、愉悅和進取的光芒。能夠發揚人生光明面的人會在同事間建立起關愛之情，大家很容易受到他的感染，進而對前途充滿憧憬。

對人生的態度，由你自己選擇。

錯誤態度

可曾有人對你說過：「你的態度不對」，或是「我不喜歡你的態度」？

遇到這種情形，你的自然反應可能是爲自己辯解，甚至表現出敵意，但這只會讓對方火上加油，更加嚴厲地說你態度不對。

消極的態度如火燎原，能使人際關係惡化，創造力受損，投注在整個計畫上的心力化爲烏有，最後使整個公司毀於一旦。公司裡只要有一個人抱著這種傳染性的消極態

度，不管他是經理還是打雜的小弟，都可能導致這樣的嚴重後果。

然而，受傷最重的人並不是受消極思想感染的人，而是散播消極思想、把這種錯誤觀念深植心中的人。這個人可能是一個常遭挫折與寂寞之苦而不快樂的人。人們本能上就不喜歡跟消極、悲觀、嫉恨的失敗者爲伍，這是一個無可奈何的事實。

消極的思想方式也會影響人的健康。思想消極，身體就得不到腦啡的滋潤，也就無法抵抗日常生活中緊張、失望與挫敗的打擊。醫生們現在已經知道，幾乎每一種疾病，從普通的感冒到癌症，都和情緒困擾有關。

缺乏積極思想的人，往往求諸外力來平服心中的抑鬱。所謂假借外力，不外是酗酒、吸毒、服鎮靜劑、大吃特吃、亂買東西、縱欲和賭博等。

思想消沈的人，難道就注定要在絕望之中憔悴至死嗎？絕對不是。他們還有希望。前面談過在心目中的自我形象。自我形象是二十世紀才有的觀念，但卻是根據《聖經》的智慧而來。在《聖經》〈箴言書〉中有這樣的句子：「因爲他心怎樣思量，他爲人就是怎樣。」

你認爲自己是怎樣的人，你就是怎樣的人。

人既有能力控制自己的思想，當然能改善自己。

你是自己的主宰

你主宰自己的生命，控制自己的態度。影響你的態度的，不是上司，不是工作，不是父母，也不是失敗，而是你自己。你怎麼想、怎麼反應，全看你自己。

預期發生不幸，就眞的會遭遇不幸。態度消極的人總是想像著會失業、破產、與老闆或員工相處不來、工作不順，以及失敗等不愉快的事情。期待霉運，霉運就來，他們的情形正是如此。

相反地，就事論事的積極思考方式能激勵我們，幫助我們克服重大困難。只要相信可以達成目標，這種態度就能使你產生力量，達成目標。

在生命的任何時刻，你的態度都是由你自己安排決定的。你可以讓它幫助你，也可以讓它破壞你。態度本身無所謂是非，它只是通往結果的方式。不論你的目標是積極或消極的、正確或錯誤的、能夠提升自己或將導致自我毀滅，態度決定了你的方向，就像電腦只會依據輸入的程式印出文字或表格。

即使在萬事不順遂的時候，只要思想積極，你依然能夠度過難關。若能在解決問題或情況改變之前，保持充沛的精力，你非但不致陷入泥沼，反而能夠屢仆屢起。

在遭遇阻礙時，你內心的態度會反映到外在的行爲上，讓你超越障礙，終致成功。

外界事物的變化、別人的所思所行，都不是我們的責任。我們只爲自己的反應負責，這就是我們的態度。我們只替自己負責。

別把工作當作代罪羔羊

在《舊約聖經》〈利未記〉中，記述了一種名叫「代罪羔羊」的獻祭禮俗。古利未人凡遇災禍連連的時候，便會挑選一隻健壯的公山羊，將牠帶到廟中。由祭師把手放在山羊頭上，歷數仇敵姓名，藉此將所有的災難都轉移到山羊身上，然後再把山羊放生，災難也就隨牠而去。

那是四千年前的事，可是直到如今，我們仍然時常把周遭的人或事物當作「代罪羔羊」，逃避對自身行爲的責任。我們不知道內省，反而責怪別人和其他事物。

當然，把責任推給別人是很容易又方便的。當工作不順利造成我們的不快時，我們就認爲：「都是因爲這份工作的關係。」一心只想把工作當作代罪羔羊，其實，眞正的問題是我們內心的錯誤思想和態度。

建造大教堂

大教育家普林（Edward Pulling）說過一個發人深省的故事，言簡意賅地闡明了工作

態度的意義：

中古時代，法國有一位工頭到工地去，想了解工人對工作的感覺如何。

他走近第一個工人，開口問道：「你在做什麼？」

工人粗聲粗氣地回答：「你瞎了眼不成？我在用這粗笨的工具劈這些要命的大石頭，然後照老闆的指示將它們堆在一起。毒辣辣的太陽烤得我汗流浹背，我累得背脊都快斷了，這份工作眞令我厭煩得要死！」

工頭很快地退開，走向第二個工人。他提出同樣的問題：「你在做什麼？」

這個工人回答：「我正在切削這些石頭，削成適用的形狀，然後照建築師的計畫組合起來。這份工作相當辛苦，有時候還顯得單調，但是我每週可以賺到五法郎，好養家活口，這不算太糟。」

工頭的心情振奮了些，他又轉向第三個工人，問道：「你又在做什麼呢？」

「怎麼？你看不出來嗎？」這個工人雙手舉向天空：「我在造大教堂啊！」

這就是工作樂趣。

即知即行

1. 避免與悲觀的人為伍。遭遇不幸的人喜歡找人吐苦水。消極的想法會破壞工作氣氛，這對身心都很不利。保持樂觀的最佳方式，就是結交思想積極的朋友。
2. 用積極思考的方式，刺激體內製造腦啡。效果之佳會讓你大感意外。
3. 不要鎮日怨天尤人。許多人每天花大把時間回想過去的挫折——別人都升級，只有自己留在原位；公司裡的人事鬥爭使自己無法加薪等等。他們還想像各種不幸事故的降臨，歷歷如在眼前。不過你應該把聰明才智用來發展自我形象，好讓積極、愉悅的情緒得以長留心中。
4. 早上起床，心情要愉快。樂觀是一種學習而來的態度。每天一早就開始用積極的方式思考。如果鬧鐘的鈴聲讓你神經緊張，不妨換一個音樂鬧鐘。記得不要收聽晨間新聞，因為新聞總是讓人沮喪的居多。準備上班時或上班途中，可以收聽專播音樂的電台，或自己喜愛的錄音帶。

一個人如果明白積極態度所包含的神祕力量，他也就會了解，他絕對能使今天更美好。

第4天

實現夢想

We grow great by dreams.

All big men are dreamers.

—— *Woodrow Wilson*

我們因有夢想而偉大，

所有的偉人都是夢想家。

——威爾遜

柯森（Steve Cauthen）九歲的時候，每天幫著父親在農場工作。在搬運乾草的空檔裡，他喜歡跳上捆好的草堆，假裝自己在賽馬。有一次他父親說：「孩子，別作白日夢了，快把草堆拋上卡車。」柯森答道：「我會的，等我先贏了這場馬賽。」這個跨坐在乾草堆上的小伙子，在十八歲那年果然擊敗賽馬好手克朗（Triple Crown）。如今柯森已是全世界最負盛名的騎師，他的騎術在英國首屈一指，而他是從九歲時，便開始努力實現夢想的。

名歌手佩姬・李（Peggy Lee）尚未成名時，曾在園遊會上負責招徠客人前來玩遊戲，當她吆喝著「一毛錢丟十次」的時候，心裡其實正默默歌唱。她雖然是在一個遊戲台上工作，卻夢想著成爲舞台上熠熠發光的明星。

前以色列總理比金（Menachem Begin）少年時期住在波蘭的貧民區。當時納粹德軍占領了波蘭，他每天在垃圾堆中撿拾別人丟棄的罐頭給自己和家人果腹。他的夢想就是生存下去，終有一天，他能幫助同胞獲得獨立和自由。

人必先有夢想，然後才有偉大成就。每一個人都有夢想、有願望，那是我們靈魂的需求，也是我們對幸福的理想。這就是爲什麼要享受工作樂趣，就必須先擁有夢想。

夢想不是白日夢

我們認識一位年輕人，姑且稱他丹尼吧！他在一家商用機器公司的廣告部門工作，卻夢想著成爲著名的搖滾歌星。上班時間，他常常幻想在舞台上演出的情景。但是到目前爲止，只有在上班途中，隨著汽車內的收音機一展歌喉的時候，才算是他最接近星途的時候了。

我們曾詢問他的情形：

「你小時候有沒有當衆表演過？」

「沒有。」

「那麼，你念高中時，一定在搖滾樂團擔任過歌手，或加入過音樂團體吧？」

「沒有。」

「那麼，現在你已經就業，你也許會利用週末和晚間，到有歌手表演的俱樂部和餐館去。你可能技癢難熬，眞想上台和他們一起表演。你認不認識在鎭上這類場所表演的一些歌手呢？」

「沒有，我不太認識。」

丹尼有夢想，但他從未設法予以實現。他缺乏自尊，因此既不願接受音樂教育，也

不敢到當地的搖滾樂團去試唱。

他今年二十四歲了，開始體會到星夢難圓。他現在擔任的廣告部職員工作，在他看來就像是失敗和不幸的表徵，難怪他討厭這份職務。

要實現白日夢，必須起而行。首先要選擇一個可以配合夢想的環境。以丹尼的例子而言，他應該在唱片公司或錄音室找一份工作，甚至可以在搖滾演唱會上，擔任幕後的工作。

但是丹尼自認失敗，他的白日夢被自己破壞了。因此他除了坐在那間連窗子也沒有的廣告部辦公室裡發呆以外，對於實現夢想這件事恐怕是無能爲力了。

橡樹盆景

大部分人都像一株橡樹盆景，畢生未曾依照自己的潛能生長壯大。人的自尊就像是樹的根，多數人在對自己談話時畫地自限，因此自尊心也受到限制和壓迫，就像橡樹的根受囿於花盆。許多人不去設法實現夢想，卻忙於列舉理由，向自己解釋美夢何以不能成眞。

這樣的作法破壞了他們成長的機會和工作上的滿足感，而他們列舉的理由，其實都不成理由。

這些人的矛盾之處在於一方面作白日夢，一方面又不把它當眞。他們會說：「那是浪費時間。」其實，夢想是潛能的有力反映。幼年時代，我們都曾有過幻想和目標，說是長大以後要作科學家、太空人、情報員、教師等等。每一個人原本都有潛能實現自己的夢想，但長大以後卻畏縮不前。我們總是說：「我辦不到」，或是「他們不會讓我這樣做的」。於是我們的眼界縮小了，小到只有一個花盆那麼大，因而限制了我們的成長，我們卻還懵然不知。最後我們感到窒息、受限，對工作覺得悶悶不樂。

偉大的夢想

美國加州大學洛杉磯分校人腦研究所的科學家相信，人腦的創造力無限大。人腦可以貯存、結合並創造資訊和意象，數量之大，遠超過幾千架錄影機、幾萬具電腦和幾百萬卷微縮影片的處理能力。除非自我設限，人腦別無其他限制。所以，不要限制自己的夢想，任它自由發展吧！你可以夢想自己成爲公司總經理、自創企業，或在工作上卓然有成。白日夢可以實現，只要夢想夠偉大。

有一位工業鉅子曾說：「一個人若對前途全無夢想，必定茫然不知何往。」

十年前珊德拉便懷著一個夢想。生長在北達科他州農場上的她，夢想環遊全世界，會見形形色色的人，過刺激有趣的生活。這個夢想夠偉大了。若照一般人的作法，珊德

拉也許應該利用午餐時間瀏覽各種旅遊手冊。但是不然，她從軍了。在軍中，她接受電腦專家訓練、升任軍官，如今被派駐在海德堡，那是德國風景最優美的城鎮之一。放假時，她前往里維耶拉（Riviera）、巴黎、瑞士阿爾卑斯山、羅馬等地尋幽訪勝，結識形形色色的人，而且還有薪水可拿。她說自己的生活「就像是美夢成眞」。

的確是這樣的！把夢想化爲目標，一旦目標達成，美夢就成眞了。誠如美國前總統威爾遜（Woodrow Wilson）所言：

我們因有夢想而偉大。所有的偉人都是夢想家，他們在秋風裡，或是冬夜的爐火邊作夢。有些人讓自己的偉大夢想枯萎而凋謝，但也有些人灌溉它們，保護它們，在顚沛困頓的日子裡細心培育它們，直到有一天見天日。這些是誠摯希望夢想能夠實現的人。

即知即行

1. 編織一些夢想，讓你覺得生氣蓬勃，工作的時候也會因此有了目標。
2. 每天花幾分鐘時間沈浸在夢想中。你會發現自己又像生龍活虎一般，

自尊心也增強了。

3. 多看書。書能擴展你的眼界，名人傳記可以幫助你編織新的夢想，修正生活的方向。

4. 珍惜自己的夢想，但也要腳踏實地去實踐。夢想只有憑藉行動才能實現，因此請你每天至少完成一件讓你更接近夢想的事。

在每一個工作日，
花一點點時間把夢想付諸實現。

第5天

設定目標

No wind blows in favor of a ship without a destination.

—— *Denis Waitley*

沒有目的地的船，
永遠遇不上順風。

——魏特利

要到達目的地，先得知道自己究竟欲往何處。

聽起來很合理，不是嗎？但是有無數抑鬱不樂、心存不滿的人，只想過一天算一天。他們就像是一塊浮木，在人生之海上隨波逐流。他們的心態是：能找到怎樣的工作，便擔任怎樣的職務，而且做事情能省力就省力；他們最高興的是午餐時間、發薪日，以及五點鐘下班的時候。

我們的目標如果只是混過一天，回家後一邊喝啤酒一邊看電視，那當然可以做到。可是，難道這就是我們生活與工作的目的嗎？套句佩姬・李的話：「這就是一切嗎？」

享受工作樂趣的要素之一，就是設定明確的生活目標，而且這些目標要能反映出自己最重視的事物。

設定目標先要有渴望做成某一件事的夢想。妥善的計畫就像是引導你抵達目的地的地圖，上進心則是不可或缺的燃料，但是首先要有目標。因爲如果不知道自己意欲何往，走任何一條路都到達不了目的地。甚至即使到達目的地，你也很可能不自知。

成功祕訣

人腦好比飛彈自動導向系統，目標設定之後，自動校正回饋系統便會不斷監督飛彈的飛航路線，必要時予以調整，使飛彈繼續瞄準目標。如果沒有設定明確的目標，或是

目標遠在射程之外，飛彈便會在空中漫遊，直到其推進系統失靈，或是自我毀滅為止。

人類的行為方式也相仿。一旦目標設定了，人在內心裡便會不斷調整對自己的期許，並依照周圍人事的回饋，隨時校正路線，以便命中目標。但如果心中只有一些模糊不清的期望，或是目標遙不可見，人會徬徨猶疑，終於因疲倦和挫折而放棄努力，或是用酒精、藥物和其他立即滿足感官的方式毀了自己。

目標應該不是伸手可及，但也不可好高騖遠。

每個人心中都有一個動力裝置，推動我們不斷前進。我們可以耗費精力，漫無目標地遊蕩，也可以朝向目標積極進取。你擔任的職務是祕書也好，工程師、教員或公司主管也好，只要你有心，傾全力追求目標，就能使你的生活完全改觀。

你只需：

- 編織夢想。
- 配合進取心和實際行動。
- 再加上長期的嘗試和練習。

不論是何種目標，你都能予以達成；而且你會堅信自己擁有成功的必備條件，也能感受工作的樂趣。

人無目標有如船無舵

多數人不願設定目標。他們覺得這樣做既僵化又缺乏創意，倒不如信手拾取可行的方式，行其所當行，止於所不可不止，這樣似乎容易多了。結果這些人每天忙的都是些旁枝末節或不急之務，並沒有集中心力從事有助於達成目標的活動，以致只能企求幸運而「隨緣隨分」。

這就好比沒有目的地的船，永遠遇不上順風。

沒有目標的工作無樂趣可言，只會讓人徒勞無功、挫折日深，終於養成消極的態度和貧弱的自尊。漫無目標的努力就像乘一艘沒有舵的船航行，你無力推動船隻航向停泊的港灣。

另一方面，世上幾乎沒有任何事物可以阻止態度積極、目標明確的人向前邁進。

希臘哲學家亞里斯多德曾寫下成功與幸福的公式，他寫道：「首先，要有一個明確可行的構想，也就是一個目標。」其次，他建議用任何可行的方式，諸如智慧、金錢、物質等方法來達成目標。第三，調整所用的一切方法，以迄於成。

獲致成功的第一個步驟，是隨時不忘自己的目標，一切行動都朝這個目標推進。這裡我們所謂的成功，就是夢想的實現。

也許自知，也許不自知，我們大都擁有人生的目標——幸福、安全、財富、受人歡迎、健康、某方面的成功等，但這些目標仍嫌不夠明確。我們也許會忙碌不堪，也許會被各式各樣的計畫和責任壓得難以喘息，但是因爲目標根本沒有訂定，我們永遠也達不到目標。

訂定目標而能產生效益，祕訣在於「明確」兩字。寫下自己的目標，每天專心思考它幾次、幻想它幾次，就像是已經達成目標一般。

幸福、財富與成就絕不是人生的目標，而是設定目標後所產生的副產品。

如何設定目標？

在紙上寫下生活和工作中，最能讓你感受到樂趣的事物。隨意寫下所有的夢想、期盼和目標。要寫得明確，描述愈清晰，愈容易抓住要點。在這張紙的最右方寫下：「我要」兩個字，藉以避免用「我願」開頭引發的空泛幻想。下面是一個範例：

我要：

- 快樂（怎樣才能讓我快樂？）
- 賺大錢（從事哪一種行業？）
- 出名（在哪一方面卓爾不群？）

- 擔任公司總經理（在事業上採取怎樣的途徑？）
- 自己創業（在哪一行？）
- 財務上不虞匱乏（多少錢才能安心？）
- 六十歲那年退休（退休後的生活如何維持？）
- 到處遊歷（去哪裡？什麼時候？）
- 在住家附近工作（相隔幾條街，或是幾里路？）
- 在家裡工作（有哪些工作是可以在家做的？）
- 多和家人相聚（怎樣撥出時間？）
- 受到同輩友人尊敬（什麼事能讓他們肅然起敬？）
- 積極參與教會活動（怎樣著手？）
- 財務獨立，不倚賴他人維生（可以用何種方式生財？）
- 從事自由業（我有哪些專長？）
- 找一份在戶外工作的職業（戶外何處？不分寒暑嗎？）
- 找一份刺激的、充滿冒險的工作（需要哪些技能、訓練或作哪些準備？）

寫下的目標要能反映你的心願和需求，而不是你認爲應做或是別人要你做的事。你是爲追求自己的樂趣而工作，不是爲了別人的興趣。

這份清單你要列多長都可以，想到別的目標時就添上去。

接下來，研究這份清單，思索其中每一條對自己的意義，逐條想像達成目標時的情景。考慮每一項目標的後果，達成之後會對生命產生怎樣的影響。哪幾條最能符合自己對美好人生的期望？

在此階段，你可能想要劃掉一些目標，或增列一些目標。

現在另取一張紙，按重要程度，重謄增刪過的目標清單，限定不超過十項。當你由一到十逐條考量時，可能感到次序要重新排過。你要儘量細斟慢酌，特別是過去如果沒有作過類似的嘗試，花幾週甚至幾個月的時間來設定目標也不算太久。

最後，你會逐漸認淸自己最重視的人生目標是什麼。

排定目標順序之後，在前三項下面畫線。這三項是最能讓你享受工作樂趣的目標。再用一張小卡片，謄錄這三大目標，並隨身攜帶這張目標卡，不時拿出來察看。特別是在面臨抉擇時，請看著這張小卡片，自問所作的決定會幫助、還是妨礙你達成人生最高目標。從現在起，只做有助於達成目標的事。

即知即行

1. 訂定自認重要的目標。當一切的辛勞都是為了改善自己和家人的生活時，你會在工作中感受到更多的樂趣。
2. 和已達成目標或正致力於達成目標的人作伴；避免接近和你一樣有問題待解決的人，或因達不成目標而頹唐失意的人。
3. 目標要遠大。你也許達不到夢想的頂端，但所獲致的成就卻遠超過從不存奢望的人。
4. 一旦訂定目標，就要以堅定的積極態度和不斷的實際行動，一步一步朝夢想邁進。

在工作中尋得樂趣的人，他們總是牢記在心：知道目的地何在，便已完成了一半的旅程。

第*6*天

妥善籌畫

In the face of a temporary setback,
take the time to reexamine the steps of your game plan.
Ever a genius cannot succeed
without plans that are practical and possible.

—Denis Waitley

面對一時的挫敗，要虛心檢討。
沒有踏實可行的計畫，
就是天才也無法成功。

——魏特利

喜愛工作的人對人生都有一套周詳的計畫。這樣的人在一百人當中，大概只能找到一個，他們凡事預先籌畫，因此能夠出人頭地。

成功的人都是如此。日復一日，他們總是清楚自己努力的方向。

自尊自重、態度積極和設定目標是事業成功的要素，但要達到自己的目標，必須安排行動計畫。

成功、財富與幸福絕不是偶然得到的，而是明智籌畫的必然結果。善於計畫的人：

- 知道自己努力的方向。
- 知道自己的進展情形。
- 非常清楚自己的最終目標。

計畫是夢想和成就之間的橋樑。

朋友可能是大敵

不要在意別人的看法，多用心追求自己的目標。

爲什麼有那麼多人任由夢想消逝破滅？最主要的原因之一，是受到別人的影響。可笑的是，影響我們的並非敵人。很少人會容許敵人阻撓自己追求幸福和成功。

問題在於我們的朋友，甚至是最親密的朋友。我們的朋友若是消極悲觀、憤世嫉

俗，總是預言我們會失敗，那他眞的能毀滅我們！

鮑伯就是一個深受朋友影響的人。有一次，他得到一個新的工作機會，感到非常興奮。他可以賺更多的錢，做更有意義的事，而且在新公司裡的職位比目前的職位高。但是，他的鄰居向他說了許多有關新公司缺點的謠言，他的妻子也惋惜他這時候離職領不到全額退職金，而一位同事又說他有意跳槽是一種叛逆的行爲。沒多久，鮑伯就覺得自己毫無理由換工作了，他甚至想不起來自己曾怎樣力爭上游。

一個朋友的破壞能力可能遠超過十幾個敵人。請記住，別人常會告訴你這個不能做、那個不能做。別聽他們的！從未因功加薪的人才會想出各種理由，告訴你努力工作無濟於事；從未達到銷售目標的人才會對你說不必嘗試，因爲老闆訂的標準太高；念大學時遭退學的人，才會認爲白天工作、晚間念書以攻讀企管碩士是件荒謬可笑的事；從未經營過企業的薪水階級最善於描述種種困難，勸你不要自己創業。因此，除非你已籌畫妥當，準備逐步達成目標，否則不必向他人透露自己的計畫。

此外，你應該積極尋訪已有成就的人，向他們學習做事的方法和目標。你若有夢想，要大膽地相信自己能夠實現夢想。只要對自己說：「我做得到！」你就眞的幾乎能達成每一個願望。事情也許很難，也許要經過多年的持續辛苦工作，才能達到目標。何況生命中值得追求的事物，沒有一件是很容易得到的。

你辦得到嗎？但除非你一試再試，否則你不會知道。

小目標，大成功

工作的樂趣始於夢想，以及一種企圖改善本身生命的欲望。起初它僅是一種模糊的渴望，慢慢地，夢想逐漸凝聚，成爲推動我們上進的力量，讓生活更充實，進而成爲具體的目標。

但一個值得追求的目標絕非一蹴可幾。任何一個值得追求的目標都可以實現，只是先要把它分解成幾個小目標。每一個小目標都引導著你，逐日逐步走向人生的大目標。

經驗告訴我們，企圖一舉達成大目標，結果必然失敗。你若想一口吞下一塊十二盎司重的牛排，恐怕會噎死。你必須把牛排切成若干小塊，一次吃一口才行。

這就需要計畫了。預作計畫就是把大目標分割成許多一次可以完成的小目標。在通往最終目標的途中，每一件小任務或條件，都成了較小的目標。用這種方法來追求遠大的目標，就不會覺得難如登天了。而且每次達成一個小目標時，你的內心必然都會受到鼓舞，而更增加了衝刺的力量。

妥善的籌畫要費些心思。你不妨先用粗筆在一張紙的右方寫下自己的目標，然後分析目標，把它分解成若干步驟，按照輕重緩急標出每一個步驟的次序，並增添一些步驟

使整個程序連貫無缺。必要時，再將比較大的步驟細分成若干較小的步驟。

對於失敗或遭遇障礙的可能性，連想都不要去想。在安排計畫的過程中，心裡只存著成功的念頭。這種想像的樂趣也是你從事計畫的樂趣之一。

接著逐項檢查整個計畫。你可以徵詢權威人士、專家和同事的意見，以了解每一步驟的可行性。同時徵求批評和建議，也許你會從中發現不同的構想，幫助你更有效地達成目標。

切記要保持彈性，尤其是在研擬計畫的初期更需如此。不一定要緊抓最初的計畫不放，有必要就修正，即使整個計畫已經擬訂完成，也要隨時準備調整，以防突發狀況。有彈性才能配合新變化，才能自由發揮，而能以更圓滿的方式完成每個步驟。

一試再試

你可知道爲什麼大多數人始終不能達成目標？第一，他們沒有預擬計畫。第二，如果他們擬了計畫而計畫失敗，他們就不再重擬計畫。有太多人一遇失敗就放棄了。

他們缺乏毅力，不能堅持不懈，或改訂計畫重新再來。其實，有成就的人士都能證明，他們通常都是嘗試了好幾種計畫之後，才終於找到一條可行之道。

如果你的第一個計畫不幸失敗，別灰心，站起來，拍拍身上的塵埃，打起精神再試

一次。要牢記，一時的挫折不是永遠的失敗。

從錯誤中，我們只要汲取教訓。因爲每次失敗都提醒我們，計畫可能有差錯。唯有計畫周詳，才能收效。

面對一時的挫敗，要虛心檢討。沒有踏實可行的計畫，就是天才也無法成功。

沒有一個功成名就的人不曾經歷過挫敗，也沒有一個心懷喜悅的人不曾經歷過失望。因此當橫逆來臨時，坦然接受吧！人生在世，橫逆難免。重擬計畫，朝向你渴望的目標，揚帆再發吧！

永遠不要忘記目標。大探險家李文斯頓（David Livingstone）曾經說過：「只要不斷前進，任何地方我都能到達。」當然，在實際生活中，這種方式有時會行不通。有時我們不得不以退爲進，有時候最好停止暫息，等待環境改變，出現新契機。但我們的眼光永遠要凝視前方，厲兵秣馬，以圖進取。

生命是成長的過程，我們如果停止成長，或害怕改變，等於是否定生命，也就與幸福絕緣了。

即知即行

1. 著手研訂能夠發展自己能力的計畫。在紙上寫下在生活和工作中，你

希望做怎樣的改善？需要哪些經驗和知識？改採怎樣的行為方式？計畫要配合現況，經常修改。記得在已經做到的項目上面打上記號，再增添新的項目。平日不時拿出這張表來看，可以加強你的自尊心。

2. 每一個工作日，起床時先問自己：「我今天要做些什麼事，才算是充分利用時間，並且讓我更接近目標？」在擬訂今天的工作表時，花幾分鐘獨自靜思，並參考自己的目標卡。需要作決定時，問問自己：「這樣做，能幫助我達成目標嗎？」

3. 尋訪正在做你最想做的那件事情的人，以及在工作上表現傑出的人，和他們談談，儘量學習他們的長處。找出他們為達到目標所採取的步驟。注意他們的籌畫過程、曾遭遇的挫折，以及克服不良環境的作法。

足球選手都知道，要想得分，就必須先妥善研擬戰術。

第7天

百折不撓

As long as you're green, you're growing;
as soon as you're ripe, you start to rot.

—— *Ray Kroc*

保持年輕，就能繼續成長；
一旦成熟，便會開始凋零腐化。

——克羅克

許多人相信，有些人無往不利——從不犯錯，從不失敗。許多人以爲，自己必須萬事通曉、無所不能，才具備了成功的條件。

這種想法荒謬無比！

- 最出色的足球選手，十次傳球也有四次失誤。
- 最優秀的籃球選手，投籃命中率只有五成。
- 明星棒球員上壘的機率只有四〇%——這還包括四壞球保送上壘的情形。
- 執業界牛耳的石油公司，雖有地質專家提供意見，探勘石油時，挖十口井才可能有一口井掘出石油。
- 即使是著名的電視演員，在廣告片的試鏡中，三十次也有二十九次未獲錄用。
- 在股票市場上呼風喚雨的經紀商，五項投資當中也只有兩項賺到錢。

僅作計畫是不夠的，還必須百折不撓。一次、兩次不成，就得多試幾次。能不能成功，全看你是否堅持到底。多數人沒有達成目標，原因就在不能堅持。百折不撓的毅力，才是成功的必備條件。

人生的打擊率

人一生不可能常處順境，有時候你會被三振出局。但是只要繼續參加比賽，總會擊

出安打，偶爾還會擊出全壘打呢！

工作方面也是如此。你可能連續幾天、幾週甚至好幾年都不順心，這時候要注意不能鬆懈，要盡力而爲，並且堅守崗位。

堅持不懈不是要永遠守著一件事不放，而是要全心全力做好眼前的事。先求耕耘，再問收穫；渴求知識和進步，不辭辛勞爭取新客戶；提早起床，隨時尋求提高效率的方法。天才未必就能成功，最聰明的人也不一定幸福，財富更不是天上掉下來的。只有辛勤工作、審慎籌畫和堅持不懈，才能奏效。

橫逆當前而心志不改，就是毅力。有毅力的人不訴苦，只是堅此百忍。

精神科的候診室裡坐滿了承受不起一時挫敗的人。如果繼續嘗試、堅定不移，他們還有希望成功。然而他們卻完全放棄了嘗試，即使是最輕微的挫折他們也怯於承受，總是擔心那會動搖了他們自訂的嚴格標準。

可笑的是，這些期望甚高的人並無偉大的成就。他們反而十分謙卑，經常會滿懷歉意地說：「噢，這事我辦不到」、「這對我太難了」、「我不可能成爲這樣的人」。

他們眞正的意思是：「我不可能十全十美」、「我不是完美無瑕的人，因此犯不著那麼辛苦，竭力奮鬥」。

相反地，健全而快樂的人洞悉世情、自知甚深。他們了解人非聖賢，孰能無過。偶

然的挫敗乃是人之常情。爲這樣的事過分自責，未免浪費精力。不如把寶貴的精力投注在追求成功和幸福上。

一心不能二用。當你回顧昨日的失誤時，是無法邁向明日的成功的。

毅力是人生至寶

有這麼一個故事（據說是眞的）。委內瑞拉有一位名叫索拉諾（Rafael Solano）的鑽石開採工人。當地有許多人像他一樣家境貧困，只盼望在乾涸的河床岩石中找到鑽礦，一舉致富，然而誰也沒有找到。索拉諾沮喪之餘，身心俱疲，決定放棄。

河床上縱橫羅列著數以百計的平滑鵝卵石，他曾經撿拾並仔細查過其中九十九萬九千九百九十九顆，結果全部是普通石頭。辛苦工作了幾十個月，他一點收穫也沒有。

他最後一次彎腰拾起一把鵝卵石，像是爲了湊足百萬之數似的。他從掌上一堆小石子中，挑出一顆拿近眼前。這顆似乎重些，和其他的略有不同。他放在手上反覆掂度。比重太大了。會是嗎？

結果，那果眞是一顆鑽石。

紐約珠寶商溫斯頓（Harry Winston）付給索拉諾二十萬美元，購買這顆天然金鋼石。經過切割和琢磨，這顆鑽石現在被命名爲「自由者」（Liberator），是世界上已經尋

獲的鑽石當中，最大最純的一顆。

我們多數人常犯的毛病，就是不肯多試幾次。

林肯——堅忍不拔的典範

美國前總統林肯一生遭遇無數打擊。然而他堅苦卓絕、敗而不餒，可說是最吸引人的典範。

一八三二年，他失業了。同年，他競選州議員落敗。

一八三三年，經商失敗。

一八三四年，當選州議員。

一八三五年，喪偶。

一八三六年，患精神衰弱症。

一八三八年，競選州議會議長落敗。

一八四三年，爭取黨提名競選聯邦衆議員未成。

一八四六年，當選衆議員。

一八四八年，黨再度拒絕提名他爲衆議員候選人。

一八四九年，爭取國有土地管理局局長一職被拒。

一八五四年，競爭參議員落敗。

一八五六年，爭取黨提名為美國副總統候選人未成。

一八五八年，競爭參議員再度落選。

到了一八六〇年，林肯終於當選為美國總統。

千萬不要以為失敗是永久的，而要把失敗當作是遲來的成功。像林肯這樣堅持不懈、奮戰到底的人，勝利終會來臨的。

黃金支柱

克羅克（Ray Kroc）在五十二歲那一年，創立了如今聞名全球的麥當勞速食連鎖店。他有兩句名言。第一句是：

保持年輕，就能繼續成長；一旦成熟，便會開始凋零腐化。

第二句錄自他的自傳《歡樂時光》（*Grinding It Out*）：

世上沒有任何事物可以取代毅力的地位。才華不行，因才華橫溢卻一事無成的

人多如牛毛；天分也不行，因經綸滿腹而怠忽職守的人也無以數計。唯獨毅力和決心具有通天徹地的能力。

這段話簡要地點出，毅力是通往成功之途的一個非常重要的關鍵。人人都能作贏家，卻極少人願意付出心血，作爲代價。

沒有人天生注定會成功，但成功的機會卻到處都有。能不能找到機會，全看我們對工作的態度，以及是不是能夠尊重自己、自我激勵、善擬目標，而最重要的是，堅持不懈。這些都是成功的黃金支柱。

即知即行

1. 不斷在心中擬想自己的最終目標和夢想。幸福是一種學習而來的習慣。在時窮運蹇的時候，不斷運用尊重自己、自我交談和態度積極等原則，增強你的毅力。
2. 凡事一經著手，不論大小都必須做完。完成一件工作再開始另一件，你會為自己的成就感到滿足，而不必忍受拖延的苦惱。

3. 先做迫切、重要的工作。把要做的事按優先順序畫分成三類：必須立刻做、應該快點做和行有餘力時想做的事。每天都分類一次。

4. 要做得比上司要求的還多，表現得比別人期望的還好。不要畫地自限。完成計畫之餘，不妨多走一段路。要記得，享受工作樂趣，就像在雷雨之中觀賞彩虹之美。不要灰心喪氣，只要自信方向正確，就能堅定不移，繼續前行。

百折不撓的毅力就是：
當別人都放棄時，你仍然堅持不懈。

第*8*天

嚴以自律

What we do best or most perfectly is
what we have most thoroughly learned by the longest practice,
and at length it falls from us without our notice,
as a leaf from a tree.

—— *Henry David Thoreau*

我們表現最好、做得最完美的工作，
就是經過長久練習而了解得最透徹的工作。
這成果在不知不覺中降臨，悄然如樹葉飄落。

——梭　羅

自律的真義常遭誤解，許多人以為，自律就是否定自己或限制自己。在「享受工作樂趣的心法」中，自律一詞是與自決同義的。自律是內心的訓練，發而為自我控制。自律是毅力的具體表現。

熱愛工作的人並不只是「幸運而已」，是他們自己努力促使工作樂趣無窮的。對工作感到悶悶不樂的人也不是存心如此，但他們卻坐等厄運臨頭。自決的意思就是自己開創成功和幸福，而自律正是其中關鍵。

不知自律的人會任由宿命或機運擺布，以為自己的生活都受政府、通貨膨脹或傳統的控制。

但了解命運在自己掌握之中的人，卻能貫注己力，追求成功。他們的成就就是他們鼓舞自己、發展夢想並審慎策畫的結果。能不能達成目標，要看他們自律的程度。

蛛網變鋼纜

自律是：

- 很想棄甲而逃，卻終於堅持下去。
- 很想破口大罵，卻按捺情緒，暗暗從一數到十。
- 心虛情怯，臉上卻仍帶著笑容。

●眞想放棄，卻仍苦撐到底。

不能自律的人，得不到任何有價值的東西。你或許有心進取，態度積極；你也許想上月球，甚至幻想成爲太空人，但你若不能嚴以自律，永遠也上不了太空梭發射台。

自律需要勇氣，這不是與生俱來的能力，而是有賴於訓練。訓練兼及身心兩方面，可能很艱苦，也可能必須改變自己。

想想看，你今日的習性和態度歷有年矣，你的作爲和反應每天不斷增強你對自己的看法。你用自我交談的方式肯定自我；你的日常習慣處處影響著你的思想程序和行爲模式。有些習慣可能使你獲益匪淺，但有些習慣卻會使你敗壞大事。

習慣起初是無傷大雅的念頭，有如細弱的蜘蛛網，虛無縹緲。但積習成弊，在自我交談和消極態度的助長下，它們終於成爲牢不可斷的鋼纜，不僅能束縛我們，也能使我們變得強韌。

只要能自律，便可養成積極進取的好習慣，打破不利於己的惡習。只要能自律，便可使你永遠改變對自己的觀感，增加追求樂趣的能力。若是自律再加上擇善固執，必能達成目標。

辛勤工作

不可諱言，辛勤工作並不好玩。辛勤工作就是不折不扣的辛勤工作，苦差事很少有樂趣可言。

但盡力完成一件任務之後的滿足感，是相當愜意的。這是工作樂趣的主要成分。處事幹練，心志自主，大有助於掌握幸福。但不經辛苦工作，這種幹練的技能和自主的力量無從得手。而且就我們看來，只有從辛苦工作中獲致的成就，才能讓人滿足。

何以如此？若能投機取巧、坐享其成，不是更可喜嗎？但問題不在於有所獲時的片刻歡喜，而在於討到便宜後如蛆附骨的憂慮：「下次我還逃得掉嗎？」「不知道他們何時會發現這件事的眞相？」那時你快不快樂，就要看別人容不容易受騙而定了。

反過來說，如果你是以辛苦工作和嚴以自律的方式獲致成就，你便證明了自己再創佳績的能力。

起而行

有一位年輕的小提琴家，在紐約港務局門口下了公共汽車，便向警察問路。

「先生，請告訴我，到卡內基大廈怎麼走？」

「提起腳來走。」

你可能常聽人說：不經練習，難臻完美。坐而言不如起而行。如果你已經付諸實行，不妨再多試幾次。

在一生中有所成就的人，都可以證明「實行」的重要。

但是你知道嗎？人人都會不自覺地每天重溫故習。只可惜多數人都是在重複惡習、加深惡習。

我們眞是毫不放鬆地迫使自己走上失敗之途啊！切記：

失敗會成爲習慣，並可能危害身心健康。

勝者恆勝。成功的人不斷在練習成功之道，即使在潛意識中也是如此。

一九八四年洛杉磯奧運會中，主辦單位使用精密的生物回饋設備測驗短跑選手，在他們的身體上附著儀器，測量並記錄他們在跑道上賽跑時，以及離開跑道後的肌肉活動量。結果相當驚人：當選手在心中想像賽跑情景時，肌肉收縮和擴張的情形就與實際賽跑時的情形一樣。換言之，在心中練習賽跑，肌肉也得到練習了。

好教練會指導運動員正確的跑步方法，要求他們必須每天在跑道上練習。但最有

效、最嚴格的練習是在心裡。透過生物回饋的科學方法，我們發現，即使是在心中擬想賽跑的情景，肌肉也已全體動員，準備爭取勝利了。

依照史特拉斯柏格（Lee Strasberg）的理論，所謂方法表演（method acting），就是發展控制情緒的能力。用這種方法訓練演員時，會要求他們回憶或想像自己憤怒、悲傷或喜悅的時刻，而且當導演一聲令下，演員便要立即表現出這些情緒。好演員的表演不倚靠運氣或靈感，想在舞台上展現演技，他們必須訓練自己成爲控制情緒的能手。

演員和運動員的心理自律方法，也可以應用在員工和企業主的身上。

我們認識一位成功的企業家，暫且稱他爲約翰吧！當他準備去向客戶作展示說明之前，他一定會在心中預習要說的內容和表達方式，他預想可能遭遇的困難，尤其是客戶可能提出的反對意見和疑見，然後演練說服他們的情景。他想像自己輕鬆自如、信心十足、言談幽默地應付全局，讓顧客深感滿意。

在與客戶見面的前一晚，約翰可能很想去打打保齡球，娛樂一下，但他控制住自己，留在家中預習明天要做的事，度過一個寧靜的夜晚。

我們不可能永遠有機會在顧客或老闆面前實地練習，但我們可以在心中演練。身體的行爲，完全由心靈意念來指揮。美國作家梭羅（Henry David Thoreau）曾表示：

我們表現最好、做得最完美的工作，就是經過長久練習而了解得最透徹的工作。這成果在不知不覺中降臨，悄然如樹葉飄落。

在心中訓練自己

從積極方面來說，自律就是在內心練習的能力。有成就的人用工作和實習來磨練自己，他們知道，經過訓練的想像力是世間最鋒銳的利器。太空人、運動員、演員、醫生、公司主管和業務員，都需要在心中一遍又一遍地練習，使他們的技術完美無瑕。

成就非凡的人知道習慣由思想而生，所以他們會控制自己的思想，讓它養成表現優異的習慣，而表現優異，正是頂尖人物的特徵。

請訓練自己求勝。在想像中練習，在臨睡之前練習，在醒來之後練習，在洗澡時練習，開車或乘車時也練習。

十七世紀荷蘭名畫家林布蘭（Rembrandt）曾寫下他自我訓練的祕訣：

好好練習既有的知能；運氣好的話，在練習中可以發現你應知而未知的事物。這就是溫故而知新的道理。

即知即行

1. 逐步練習控制自己。不要成為情緒和衝動的奴隸，要主宰自己的情感。能夠嚴以自律、控制情緒的人，必定是工作成就最高的人。他們可以不受牽絆地完成使命，也不會養成自毀前程的習慣，而損及工作的樂趣。
2. 自尊、自知、自律是任何人得以持盈保泰的三大特質。培養它們、磨練它們，便可以在有生之年隨時享受它們帶來的樂趣。
3. 職務本身不能給你任何報償，而要由你主動付出職務所需的心力。你應該全心全力投入工作、投入公司，提供別人最完美的服務。

自律未必是艱苦之事。不妨每天這樣激勵自己：

「我當然辦得到！我已經在心裡練習一千次了。」

第9天

自我期許

Success in life comes not from holding a good hand,

but in playing a poor hand well.

—— *Denis Waitley*

在人生的牌戲中，拿到一手好牌不算成功，

能把一副壞牌打好才是成功。

——魏特利

人期望什麼，往往就能得到什麼。期望享受工作樂趣的人事業有成；預料會遭遇挫敗的人工作就不順心。

快樂自得的人最顯著的特徵之一，就是能夠自我期許。如果說這種人有什麼過人之處，那就是他們對萬事萬物都抱著樂觀、熱心的態度。任何領域中的出色領導人，都能表現出極大的毅力和自制力，因爲他們有遠景可期，所以不以爲苦。

如果作一番調查，你將會發現，那些成就非凡的人雖然個性、工作習慣和行業各有不同，卻都預期自己會成功。不論面臨怎樣的困難，他們總能在心中描繪出成功的美景，勉勵自己克服一切困難。

有成就的人知道，生命是一紙由個人自行塡寫的預言書。成功的人期盼成功，因此從不放過任何新的機會；沒沒無聞的人和其他不快樂的人不認爲自己能夠有所成就，因此根本不去尋找和把握優勢。

一無所成的人總是相信：期望愈高，失望就愈大；深得工作樂趣的人卻期望別人表現出他們最好的一面，同時也預料自己能將才能發揮到極致。

令人驚訝的是，就長期而言，每個人的期盼都會成爲事實。

期待失敗？

人不可能表現出超越自己期許的水準，這是不爭的事實。如果你自認不能表現得比現在更好，或做得更多，那麼你的成就僅止於此。

天生我才必有用，人生不是以失敗爲目的。我們每一個人都應該成功，但是許多人喜歡貶低自己、怨天尤人，把自己的失敗歸咎於天生條件不足、運氣欠佳、父母貧賤等。其實抱怨自己沒有機會、遭人排擠或霉運當頭，都於事無補。失敗的原因與命運、風水無關，而是在於你對自己不存厚望。

眞正成功的人熱切盼望並期待成功，縱使命運坎坷也不稍改其志。看看海倫・凱勒，她自幼既盲且聾，卻能以優等成績畢業。小羅斯福患小兒痲痺，卻成爲美國總統。近代畫家馬蒂斯晚年纏綿病榻，目不能視，卻完成幾幅生平最佳的作品。名列全世界十大長跑名將之一的卡塔拉諾（**Patti Catalano**）曾有暴飲暴食的惡習，又有嚴重的菸癮，後來都一一戒除。這些人不論出身高低、有無殘缺，凡事都盡力而爲。因爲他們想要有所成就，期望自己高人一等。

即使是素來喜歡澆自己冷水的人，內心裡也可能有很大的潛能，可以轉變爲積極的期望。你以爲自己注定失敗嗎？其實你可能非成功不可。悲觀的預期往往只是積極夢想

的反射。只要擁有憧憬，你自然能對自己有很高的期許。

在人生的牌戲中，拿到一手好牌不算成功，能把一副壞牌打好才是成功。

預期勝利

不論你是公司經理、推銷員、辦公室祕書或是生產線上的作業員，你都應該力求表現。你因爲對自己寄望殷切，激發出一股熱情，致使別人也感受到這份熱力，而樂於與你親近，於是你會發現自己的鬥志愈來愈高，最終目標也愈來愈容易達成。

說來也很奇妙，悲觀的想法帶來的往往是「厄運」；樂觀、積極的想法卻能產生「好運」。

能夠享受工作的樂觀人士相信：人生是一紙由個人自行塡寫的預言書。他們預期自己身體健康、財源不斷、人際關係良好、左右逢源、事事成功，因此活力無窮。樂觀、投入、熱情、目標、信心、希望，這些都是自我期許的同義詞。

即知即行

1. 一早起來，先給自己打氣：「今天一定萬事如意」、「只要我盡心盡力

去做，通常都會做得很好」、「我期盼成功」、「今天是我表現更好的機會」、「我們要青雲直上」。

2. 化難題為機會。仔細研究工作上遭遇的最大困難。跳出局外，以旁觀者的立場更能看清問題。

3. 多往好處想。每天給自己灌輸健康的思想，引導潛意識加強身體的健康。告訴自己：「我的身體強壯、精力充沛」、「我感到年輕又有活力」、「我的體重漸趨理想」、「我做運動，肌肉愈來愈強韌有勁」。

4. 對上司、同事和屬下也抱著最高的期許。多方鼓勵和讚美別人，說別人也擁有與你相同的樂觀態度和自我期許。你會驚訝地發現，別人大都能不負你的厚望！

爲了享受更多工作的樂趣，並與上司、同仁和部屬相處更加融洽，請記住這句箴言：對自己抱著最高的期許，也盼望別人能盡展長才。

第*10*天

全力以赴

To bury out talents is to waste them.
No matter how much we are given — whether by genetics,
parentage, circumstance, or whatever — God
is pleased when we use our gifts to their fullest.

—— *Denis Waitley*

埋沒才能就是浪費才能。
不論天賦高低，善用才能必爲天神所喜。

——魏特利

心理學家兼哲學家詹姆士（William James）早在五十多年前就這樣寫道：「與應有的表現相比，我們實在只發揮了一半的潛能。」

確實，我們都沒有全力以赴。研究人類潛能的科學家估計，人類有九〇%的能力從未動用。有的專家甚至說，人類潛藏未用的才能高達九五%。

何以無法盡展長才？

大部分人都不知道自己究竟擁有多少才能，但請想像一下，只要能開啓潛能的寶庫，我們可以成就多麼偉大的事業。一家企業如果僅以五%或一〇%的效率經營，必定倒閉無疑。那麼，我們在工作上發揮同樣比例的能力，又怎麼足夠呢？偏偏多數人已經感到滿意。爲什麼？是什麼力量阻止我們盡展長才？

第一，**沒有認清自己的能力**。這並不足爲奇，因爲我們自小接受的教育，都是教我們注意自己的缺點和錯處。幼年時，長輩總是告誡我們這不能做、那不能做。上了學，每次考試的結果都是在告訴我們錯了哪幾題。就業以後，工作做得好沒人讚賞，一出了差錯就立刻受到指正或叱責，難怪我們總覺得自己的能力有限。

第二，**有時又高估了自己的能力**。這並不是說我們沒有能力達到預定的目標，而是說，我們由於高估自己的能力，所以沒有作充分的準備，又不能堅持，因此慘遭失敗。

第三，也是最重要的，我們根本**忽略了自己多方面的寶貴才能**。我們從小就局限自己，發現了自己的一、兩種才能之後，就再也不去發掘其他才能。有些人窮多年之力發展一項才能，卻沒想到天有不測風雲：一名技術工人被機器人取代；一位中年女祕書被迫學習操作文字處理機；一位在職已三十年的主管因公司合併而遭裁撤；一位企業家的公司因市場狀況轉變而倒閉。以上這些人原有的長才忽然之間都失去了用武之地，他們是否應該感到挫折和不幸呢？那倒不一定。其實只要他們能了解，成功與幸福也許在另一個行業、另一個領域內等著他們，而他們也有潛力達成新的目標，就完全不必懊喪了。下面就是一個很好的例子：

比爾是福特汽車公司的一名裝配工人。傳說他這個部門就要「全面自動化」，不再使用人力了。同事們煩惱又憂愁，他們大都已步入中年，本以爲可以在裝配線上一直工作到退休爲止。比爾的處境和他們一樣，同在這艘即將沈沒的船上。但是，他爲自己製造了救生艇。

在一切都未定案之前，比爾便利用晚間去學習電腦硬體修護，並將此事告訴領班。大約過了一年，事情眞的發生了，廠方遣散了一百一十名工人，以機器人取代。比爾收到解雇通知後，要求與領班面談。他告訴領班：「你可能需要一個人，讓這些新機器保持最佳狀態。如果這個人也熟悉裝配線的作業情形和應該注意的事項，可能更好。」領

班也有同樣的看法，於是向上司推薦了比爾。後來比爾不但得到這份工作，有了新頭銜，還加了薪。像比爾這樣盡其所能、發揮長才的人，實在是少之又少。

埋沒的才能

《聖經》中有一則善用才能的故事。現代英文中的「才能」（talent）一字，在古代本是一種錢幣的單位（泰能），而另一方面，「才能」也是象徵上天賦予個人的財富，因此這則故事特別動人：

一位大地主把他的財產託付給三個僕人保管及運用。他給了第一個僕人五個泰能，第二個僕人兩個泰能，第三個僕人一個泰能。地主告訴他們珍惜並善用各人拿到的錢，一年以後，他要看看他們怎麼處理這些錢財。

第一個僕人利用這筆錢多方投資；第二個僕人買下一些原料，製造貨品出售；第三個僕人卻把他的泰能埋在樹叢下。

一年過去了，第一個僕人的財富增加了一倍，地主甚爲高興；第二個僕人的財富也加倍，地主同樣欣慰。接著他轉頭詢問第三個僕人：「你的泰能怎麼用的？」

這名僕人解釋說：「我唯恐使用不當，所以小心埋藏起來。在這兒！我把它原封不動地交還給你了。」

主人大怒：「你這個懶惰討厭的僕人！竟敢不使用我給你的禮物！」

埋沒才能就是浪費才能。不論天賦高低，善用才能必為天神所喜。

天生贏家？

我們的社會充滿著「差不多精神」。上班的人九點鐘打卡，就開始盼望著五點鐘的下班鈴聲。不管是經理人員或是一般職員，都把工作當作是兩個週末之間的插曲。大家都喜歡說：「別太賣力啦！」

美國憲法上說：「人類生而平等」，許多人把它曲解成「人皆有權享受同等的成果」，埋沒才能不用的人自認，應該與全力發揮所能的人收入相等。鶴立雞群的滋味並不好受，工作時間比別人長久、比別人努力的員工，以及承擔一切風險責任的企業家，往往會遭人訕笑，受人嫉恨。

一般人聽說有人買獎券中大獎都能坦然接受，但對於憑心力賺大錢的人卻是又羡又妒。這可說是由於後者的成功點破了我們的缺點：要不是自甘平庸，我們也應該成功，而一般人卻都不願自己的缺點被揭穿。

要是有人升遷、加薪、被託付重任，或得到了一間單獨的辦公室，我們會怎麼想？我們多半會酸溜溜地說：「那個人的運氣眞好！他天生就是個贏家，而我卻不是。」

其實，運氣與財富、成功或幸福的獲得極少有關聯，沒有人天生是贏家。在人生的戰場上獲勝的人個個都是勤奮工作，而且通常費時甚久，才達到目標。

成功不在虛無縹緲間，而在持續不懈、辛勤、日復一日的努力後面。要成功，就必須準備周詳、自律嚴謹、勤奮工作、鼓足勇氣、堅持不懈，並且充滿信心。

幸運是：當機會來臨時，你已準備妥當。

所以請善用你的才能。《聖經》寓言裡第三個僕人的例子：他受責備，不是因爲利用錢財去做惡事，也不是因爲投資或創業失敗，而是因爲他根本沒有利用它。

每天在工作上，我們都會運用自己的能力去應付難題，或與別人一較高低。使盡全力，就等於鍛鍊了自己的意志、頭腦和體力。在學習完成任務或處理困局的過程中，我們的心智益趨成熟，便可擔任更艱巨的任務或更重大的責任。這是培養能力、充分發展能力的唯一途徑。

工作的囚犯

造物主並未給予我們自主的心靈和自由意志，因此我們很容易受到他人或世俗標準的控制，或漫無目標地在人世間浮沈。我們必須主宰並充分利用自己的能力，否則就是浪費生命。

集中營裡的戰犯深知什麼叫做浪費：原本多采多姿的人生被剝削殆盡，落得苟延殘喘，一身才能了無用處。然而，在自由社會中，也有許多人成了工作的囚犯。他們順應低標準，限制自己的成長，等於是自設牢籠，甘於平庸。主管人員不求進取，安於現狀，畫地自限；工人不惜罷工，要求改訂合約，結果生產力無法提高；辦公室職員更是反對任何動搖現狀的改變。

人原本不應受到束縛。我們沒有必要追隨凡例，亦步亦趨，而應該不斷追求、奮鬥、創新。想像力是其中關鍵。

希爾博士（Napoleon Hill）在其名著《卡內基簡易致富法》（*Think & Grow Rich*）一書中寫道：「只要是人想得出來、而且相信能做到的，就一定能做到。」人腦偉大的地方，就在於它一旦有了確定的目標，就能推動一切的行為，滿足這份期望。

想像工程

一個人如果喪失了想像力，工作便成爲乏味的例行公事，而例行公事正是落入平庸巢臼的先聲。懷著安於現況、不求進取的平庸心態，絕不可能發揮創造力、增加技能、發掘自己長處。而想像力則能化不可能爲可能。

美國鋁業公司（The Aluminum Company of America）創造了一個絕妙名詞「想像工

程」（imagineering），意指讓想像力展翅翱翔，然後加以設計操縱，使想像成為事實。

世界上所有具體的成就，無一不是從想像開始的。史前時代有一個山頂洞人想到，滾動一件物品要比拖它來得容易，輪子就是這樣發明的。戈登堡（Guttenberg）因想像一台能同時自動印出許多書頁的機器，而發明了印刷機。歐洲各大教會得以建成，是因為信徒想像高聳入雲的建築物可上達天堂。想像帶動進步，一步一步地引領人類，獲致愈來愈大的成就。我們所穿的每一件衣服、所吃的每一份食物，都是想像力的成果。想像力改善了人類的生活，從通訊系統到各種物質享受都是拜它所賜。

人類在精神、醫學、社會、技術、科學、工業、文化和個人方面的任何進步，都包含了想像力這種無價之寶在內。因此，請珍惜你的想像力，培養它、運用它，以便為自己創造更快樂、更充實的人生。

全力以赴

無論做什麼事、擔任什麼職位，都要全力以赴，不要辜負你的才能。

有人會說：「這份工作不值得我做。我這麼聰明能幹的人不應該做這麼卑微的事。」他輕視現有的職位，不肯全力以赴。他不滿、不安、不快樂，並且毫不掩飾自己的情緒。最後，他終究會失去這份工作。到時候，受到損害的不是這份工作，因為自有別人

接手去做。眞正受害的是這個人本身，他自毀前程。

沒有一份工作是卑微到不值得好好去做的。就像演藝圈流傳的一句名言：「沒有小角色，只有小演員。」

麗莎就是一個飾演小角色的偉大演員。她大學剛畢業便來到紐約市，想在出版界找工作，但沒有人雇用她，最後迫於生計，只得在一家咖啡館當女侍。

麗莎不氣餒，她認眞盡責，動作熟練，永遠笑臉迎人。過了幾個月，有一位常客問她：「我想妳該不會一直作女侍吧？妳還想做什麼工作嗎？」

她回答：「我想找一份編輯的工作，因此我晚間在這裡上班，白天出去謀職。」

原來這個客人是一位著名的出版商，他正要找一位聰慧而年輕的助理。於是，他安排麗莎面談，結果她得到了這份職務。

麗莎實踐了「全力以赴」的原則。直覺上，她認爲女侍的工作非但不是絆腳石，而且還是個晉身階，只是沒想到這一步能跨得這麼遠、這麼快。

換言之，職務能帶給你什麼並不重要，眞正重要的是，在職務上你能貢獻什麼。人的能力就像肌肉，必須多加鍛鍊才能強韌。既有的能力不去運用，便會退化。

上帝絕不會把人囿限於無法成長的狹窄空間裡，但我們卻常常畫地自限。不論你的工作場所在哪裡，你都要盡全力做好工作。多運用你的才能，會使你益發能幹，同時你

的心智也會成長，可以追求更大的成功和幸福。

即知即行

1. 認清自己的才能。在一張紙上寫下自己的專長，事不分大小都不要遺漏。你擁有哪些才能？有哪些過人之處？喜歡做些什麼事？與友人、牧師或就業顧問討論一下。性向測驗也可以幫助你發現自己的潛能、了解自己的稟賦。你會驚訝原來自己還頗多才多藝。
2. 從可行性方面考慮。在你的各種才能中，哪些最適合進一步發展？你的目標是否實際可行？如果不能，不妨另闢蹊徑。最好是發展符合自己嗜好和興趣的才能。
3. 多方配合，將能力運用在遠大的目標上。除了才能以外，還要有耐心、不斷地磨練，以及作好充分的準備，才能將能力發揮得淋漓盡致。
4. 要有明確的目標。有人說，最輝煌的成功也不過是內心希望之火的反映。知道自己努力的目標及努力的原因，便是成與敗、幸福與不幸、喜悅與挫折之間的分野。

已故的《讀者文摘》創辦人之一華萊斯（Lisa Acleson Wallace）
只有一個簡單的信念：「全力以赴」。

第*11*天

奮鬥有成

Self-achievement is no guarantee of self-acceptance.

—— *Sydney Harris*

但求一己成就，難免空虛寂寞。

——哈里斯

獲致成就的祕訣是什麼？

- 熱愛工作。
- 全力以赴。
- 與上司、同事或部屬相處融洽。
- 把握機會。

做到這四點，你就走上了成功、致富與幸福之路。

舊式的觀念認爲，人必須踩著別人的頭顱前進，才能獲得大成就，其實享受工作樂趣的眞諦不在於此。眞正的成就實在是基於自尊、自制和自立。個人有成，不僅利己，也造福全世界。我們每個人應該奮鬥求成，原因就在於此。

最偉大的成就，是能造福別人的成就。

有些人渴求成就，凡事爭先，眼裡只有自己的目標，卻忽略了獲致成功與幸福的其他重要因素。

不過，我們多數人對於成就、成功、財富和幸福的感覺卻很矛盾；也正是這種矛盾心態，促使我們繼續從事單調的工作。於是我們不斷地工作，但什麼成就也沒有。

我們不喜歡自己的職務，總是草率敷衍；我們與聲氣相投的人結交，卻往往深受恐懼失敗的心理影響；自幼所受的壓抑，又使我們對自己實際擁有的潛能一無所知。

成就的絆腳石

我們爲什麼願意棄置自己身體裡的龐大資源不用呢？我們爲什麼不能更有創意、更成功？到底是什麼因素阻止我們攀上高峰？

懶惰是一個心理障礙。我們常這麼想：「何必找麻煩？」這是打擊自己的想法。

恐懼是另一個通向成功的絆腳石，我們常覺得：「這太冒險了！」

使我們畏縮不前的不僅是恐懼失敗的心理，有時候我們也恐懼成功。因爲我們沒有發現自己的潛能，以致從一開始就敗下陣來，最後只好自我解嘲：「辛辛苦苦追求成功有什麼意思？」

輕估自己是消極態度導致的結果。事實上，一個人不能發揮潛能，獲得最大成就，主要障礙也許便是自輕自賤，妄自菲薄，覺得「我再努力也沒有用」。

我們常常澆自己冷水，事情一旦進展得十分順利，便開始暗自憂心：「我有預感，厄運就要接著來了。」

柯琳是一位家庭主婦，後來在一家牙醫診所謀得掛號員之職。她已有十餘年不曾出外工作，這次在幾十位應徵者中脫穎而出，實屬不易。起初她興奮莫名，但過了些時日，她愈來愈感到不安，心想：「這份工作得來太容易了，一定有什麼壞事要降臨。」

過了兩個星期，她的兒子放學後打球，跌斷了膝蓋骨。於是她對自己說：「我就知道會發生這種事。」她擔心還有更大的災難會接踵而來，於是辭職在家照顧兒子。

約翰是一家大製造廠的基層主管，在工作多年以後終於獲得升遷。他自認已經達到目標：成為「大人物」中的一份子。但他感到心浮氣躁，疑神疑鬼，好像他不應有此成就，這份成就隨時會展翅而去。沒多久，他和上司發生爭執，約翰言詞失當，大吼大叫。第二天，他就被革職了。結果他說：「我早就知道事情會演變到這種地步，好事總不長久。」

柯琳和約翰這種人都只能找一份餬口的工作。他們達不到應有的成就，並不是因為能力不足或缺乏幹勁，而是因為他們根本不相信自己有資格成功。

事情的另一面

有人說，世間不幸的根源只有兩種：一種是從未實現夢想；另一種是夢想已經實現了。

許多功成名就的人相當不快樂。他們眼裡只有一個目標，不顧一切地向這個目標推進，結果往往無視於周遭的人物，只會傷盡同事、部屬、配偶、子女和親友的感情。更糟的是，他們從不去思索成功對他們的意義何在。

由於他們不曾費神爭取家人和同事的支持，因此，一旦達成目標，他們便會覺得空虛無依，甚而不免抱怨：「高處不勝寒。」為求成功不惜犧牲一切的結果，嚴重時能使人的心靈枯竭，感到希望幻滅。

眞正的成就應該揉合了成功、財富、服務他人的滿足感、眞摯的友誼，以及享受生命中所有幸福的能力。

最偉大的成就

我們不可能人人都是資優生、足球明星或公司總經理，但人人都可盡情發揮自己擁有的才能、技術和智力。世界上最快樂的人，就是發掘並運用自己潛能的人。

最卓越的成就也許就是不斷奮鬥，以求超越自己。

冀求進步，相信自己能做得更好，這會促使你努力達成可貴的成就。成就是努力換取來的，而最費力的工作就是發展自己。嘗試做一些困難的事，可幫助你成長；努力達成一個不是你伸手可及的目標，可有助於拓展你的能力。若能盡情發揮潛能，你會發現自己的潛能愈來愈大。

成就絕非一夕之功。你不會一步登天，但可以逐步達成目標，一步又一步，一天又一天。別以為自己的步伐太小，無足輕重，重要的是每一步都踏得穩，才能走向成功的

康莊大道。如果你想成功，只要盡心盡力求取成功，你一定不會落空。

即知即行

1. 記住這句座右銘：我一生中所獲得的報償，反映出我對他人的服務和貢獻。
2. 凡事求真，言必由衷。不要受到引誘而成為貪婪與偏激的犧牲品。投機取巧或損人利己並不能賺取成就，名車巨宅也不能混充成功。只有在全力以赴，並且知道辛苦必有代價的情形下，才能得到真正的成就。
3. 投下資本，增加自己的知識和技能。知識和技能是別人無法剝奪的無價之寶。富蘭克林曾經寫道：「花光口袋中的錢，換得腦中的知識，沒有人能將知識奪去。」
4. 每天花十五分鐘的時間獨處，利用這段時間思索以下問題：怎樣利用時間，最能達成我所重視的成就？

在任何一方面有眞正成就的人都知道，工作的樂趣來自一份堅定不移的信念，
那就是：努力求取成就，心血不會浪擲。

第*12*天

自立自強

The man who makes everything
that leads to happiness depend upon himself,
and not other men,
has adopted the very best plan for living happily.

——*Plato*

自力謀求幸福，而不倚賴他人，
便是實行快樂人生的最佳計畫。

——柏拉圖

有時我們會懊惱怨歎：「別人都升官了，只有我仍留任原職」、「老闆口不擇言地對我謾罵不休」或「我的工作眞乏味」。

許多人期待別人提供他職務上的滿足，他們認爲這是理所當然。從某一方面來說，他們也許對，每一個工作者都有權利和能力尋求工作的樂趣，但樂趣究竟是應該向他人索取而來，或是自己追求而來的呢？

你可以期望別人寬慰你、獎勵你，使你心情愉快。但是若能自己尋求樂趣，你一定能夠快樂。

怎樣爲自己尋求樂趣？方法很多。有時要藉助外力，幫助你擺脫自憐的心態。

沒有腿的人

卡內基（Dale Carnegie）致力於指導人們積極思考和建立自信，在這方面聲譽卓著。他在所著暢銷書《如何停止憂慮，開創人生》（*How to Stop Worrying and Start Living*）中，談到了一個感人的故事。

卡內基的好友兼經紀人艾伯特（Harold Abbot）早年一度幾陷絕境：他失業了，儲蓄花光，還欠下龐大債務，他實在有理由自怨自艾。

有一天他前往銀行，準備貸一筆款，好到堪薩斯市去謀職。走在路上，心裡深感無

望與疲乏，那時的他真是「失去所有鬥志與信心」。忽然他看見迎面來了一個沒有腿的人，用一塊滑板推動自己前進。這個人把自己從街道上移到人行道上的時候，與艾伯特對望了一眼。他微笑著說：「今天早上天氣眞好，是吧？」

就在那一刻，艾伯特了解到自己是多麼富有。他想，如果一個人失去了雙腿，還能快樂、爽朗而有信心，那麼雙腿完好無缺的人當然也能。當場他的精神就振奮了起來，充滿信心地步入銀行，不但借到了錢，不久也找到了工作。

安妮也有過類似的遭遇。她剛離婚不久，必須獨力撫養兩個女兒。於是她找了一份初級祕書的工作，卻自覺有些委屈。有一個星期天，她在教堂作禮拜時，內心爲自己的不幸而悲悽不已——丈夫離她而去，以致她經濟拮据，不得不出外謀生，爲此她感到羞愧難堪。

作完禮拜，有一位男士站起來說，社區裡剛搬來一位瞎眼的居民，需要有人每週三次開車送他去醫院洗腎。安妮聽了如遭當頭棒喝，頓時清醒過來：這裡有一個不幸的人，不僅雙眼俱盲，連腎臟也失去了功能。反過來看看她自己，雙眼視力正常，身體健康，卻還如此自憐，眞是可恥。就在這一刻，她決心克服一切困難。她開始感到自己辦事俐落，同時也覺得學習新技能是值得欣慰的事。不到一年，她就升任爲總經理助理。現在，她是一個部門主管，充實而自立，這是她過去想也不敢想的。

思之而心存感謝

叔本華（Schopenhauer）說過：「我們很少想到自己擁有什麼，卻總是想著自己欠缺什麼。」我們最好能隨時記取一段古諺：

我曾抑鬱寡歡，
因爲我沒鞋穿。
直到有一天我遇見一個人，
他雙腿俱殘。

十六世紀英國宗教領袖克倫威爾（Cromwell）曾寫下「思之而心存感謝」（Think and thank.）的句子。花一點時間想想自己擁有的一切，你會感謝上天賦予你這許多才能和財富。

每天花幾分鐘「思之而心存感謝」，尤其是當工作上遭遇困擾時、當你想要放棄時、當你感覺每天八小時的工作毫無意義時，更要如此做。在心中檢視有工作的優點，你會驚訝地發現，值得感謝的事情實在太多了。

「自己動手做」的人生

充滿喜悅的生活有一個最重要的要素，那就是全權負責並決定自己的行爲、創造自己的幸福。眞正快樂的人都相信：生活是一套「自己動手做」的工具。

但許多人不肯承認這個事實，寧願在吸毒、賭博、縱欲或權力之中尋求快樂。有些人不願爲自己製造就業機會，而情願受所謂運氣、命運的擺布，等待機會自動送上門來。這些人認爲幸福有如白雲蒼狗，變幻莫測，以致多半無法掙脫沮喪和疑慮的陰影。因爲不相信自己能掌握命運，他們往往會選擇錯誤、忽視機會，並且從來不曾設定目標。這些在工作上得不到滿足的廣大群衆，只能在平庸的路上蹣跚前進。

然而，自立自強的個性能使業務員變成企業家、侍者變成餐廳老闆、祕書變成經理。各行各業未來的領袖，都是從目前的妥善計畫、堅持不懈、辛勤工作，尤其是自立自強而打下基礎的。

家庭背景、巨額遺產、相貌出衆、才智過人——這些優點都不能取代自立自強的地位。一切成就的力量必須來自內心。內心快樂的人、在事業上有相當成就的人、財務上綽有餘裕的人，都是自求多福，從不仰仗他人。

每一個人都有天賦的才能，也有自力學習而來的技能。如果把人比喻爲一組器具，

造物主確實給了我們必備的一切條件，但必須由我們自己動手把它們組合起來。造物主賦予我們的極其豐厚。相信自己，你擁有製造工作樂趣的必備條件。試著告訴自己：「我的幸福靠我自己創造。」

若以為自己的幸福是別人、命運或純粹是運氣造成的，你便深深地傷害了自己。你一生的成敗，全看你內心的堅強與力量而定。

一切靠自己

美軍越戰戰俘的遭遇，證明了自立自強能收奇效。

如果你遭人禁閉、毆打，食物不足，居處簡陋，與家人和所愛音訊隔絕，又不知道自己能不能支撐到重獲自由，你會怎麼樣？

有些美軍在這種情況下變得十分沮喪消沈，容易屈服，並讓敵人洗了腦，少數人根本就瘋狂了。

但也有很多人探索自己的內心深處，藉著鮮明的自我意象，自立自強，終於度過難關。被單獨幽禁的美軍戰俘，有的在腦中完成整本的小說，有的發明了數學公式，有的想像投資創業的情形，有的以敲擊牢房牆壁和水管的方式相互通訊，也有的回憶禱詞、詩歌和經文，在心中作禮拜。

自認被禁錮在工作之中有如囚犯的人，應該學習自立自強。如果你覺得自己的職務有如桎梏，辦公室或工作場所有如囚室，請往樂觀處想。你會發現自己內在的力量可以突破外在的限制。如果你失業了，不論原因是什麼，心理上都絕不能鬆懈，你必須勾畫自己的目標，想像自己如願以償；同時撥出時間學習新技能，好增加自己達成目標的機會。和戰俘不同的是，你可以自由外出，去購買教學書籍和錄音帶；你也可以上學校或參加研習班。外面是一個充滿歡樂的世界——只要你去追尋！

即知即行

1. 訂立自己的標準，不要與他人比較。成功的人都是跟自己賽跑，他們知道競爭的對象不是別人，而是自己。
2. 今天就展開充實自己的計畫。有些人總是說：「總有一天我會……」這種人不會有什麼成就。成功的人知道不能等到「有一天」，現在就開始！
3. 學習自立，不要倚賴他人、名車或高位來建立自尊。只有發自內心的自我尊敬，是誰也無法奪走的。

成功的人都知道一個祕訣：
自己的幸福靠自己去創造。

第13天

掌握機會

Pessimists see a problem behind every opportunity.
Optimists see an opportunity behind every problem.

—*Denis Waitley*

悲觀者只看見機會後面的問題，
樂觀者卻看見問題後面的機會。

—魏特利

英國名小說家艾略特（George Eliot）曾經寫道：「生命巨流中的黃金時刻稍縱即逝，除了砂礫之外我們別無所見；天使前來探訪，我們卻當面不識，失之交臂。」二十世紀的美國人也有一句俗諺：「通往失敗的路上處處是錯失了的機會。」

坐待幸運從前門進來的人，往往忽略了從後窗進入的機會。

馬嬌麗就是這樣一個人。她在一家小型製造業公司謀得一份好差事，可是上司要她做一件不在她職責範圍內的工作，她拒絕了。不久以前，在另一個部門的一位同事問她願不願意嘗試那個部門的工作，她再度回絕。馬嬌麗不願擔負其他任何任務，除非加她的薪、升她的級。她沒有認出送到她眼前的機會。假使她接受新任務並且順利達成，她就極有資格要求加薪和升級了。結果經理部門認爲她不思進取、不願成長。

機會在敲門

我們常把機會擬人化，誤以爲幸運之神眞的存在，許多人就坐待機會來敲門。可惜的是，機會從來不會自動前來。不管你等多少年，也聽不到它的敲門聲。原因是，機會並非外界的生存實體，它在你的內心之中，你就是機會。

只有你能製造機會；只有你能發展自己的能力來利用機會；只有你能發現機會，從而把失敗與挫折轉變爲成功與滿足。

有些人給機會下了偏狹的定義，認爲是指一筆交易獲致成功或職務獲得升遷。其實機會涵蓋的範圍很廣，它意謂著衆人皆陷入消極的泥淖中時，你卻能尋出一條積極思考的途徑。機會是在強大壓力之下圓滿達成任務；機會是不捲入辦公室裡的勾心鬥角；機會是不受緊張、衝突和自疑的牽絆；機會是接納自己的一切，求得內心的寧靜，並享受充滿自信的愉悅。

朝向一個値得努力的目標前進，儘量利用造物主慷慨賜予你的才華和能力，機會就在其中。

- 當你不再打擊自己，自然就會開始認淸機會所在。
- 當你不再擔心別人怎麼想，就會開始發掘出無窮的機會。
- 當你不再想像著前途多舛，你就會開始掌握機會。
- 當你不再爲昔日的挫敗煩惱，就會開始爲自己創造機會。

記住，任何人都有失意和挫折的時候，但是人人也都有豐富的潛力。不快樂的人只看見他的錯處和弱點；滿心喜悅的人則專注於自己內心的力量和創造力。

該怎樣爲自己開創機會？你要不斷地探索、發現並且適應新來乍到的機運。

更重要的是，你要保持心胸開放與樂觀。

不久你就會聽到機會在敲門，不是敲你的前門，而是叩你的心扉。

機會微服出行

機會來臨時，一般人認不出來的主要原因有二。其一是我們討論過的：機會不假外求，而是發自內心。其二是機會很難從外表看出來，它常常喬裝改扮成不幸、挫敗和拒絕的模樣。

巴恩斯（Edwin C. Barnes）就是一個值得借鏡的事例。巴恩斯熱切渴望成為大發明家愛迪生的事業夥伴。請注意，他不是想為愛迪生做事，而是要與他合作。

怎麼辦呢？他先設法在新澤西州奧倫吉市的愛迪生實驗室謀得一件差事，但這距離事業夥伴的地位還差得遠呢！他受聘為職員，薪水低微。

幾個月過去了，情況沒有改變。換了別人，可能會覺得這份職務毫無前途可言。巴恩斯卻不然，他堅守崗位，利用公餘時間完成了三件事：

- 他認識辦公的環境，弄清別人負責的工作，並揣想增加工作樂趣與效率的方法。
- 他極注意別人怎樣執行職務，同時研究愛迪生工廠中分層負責的結構。
- 他每天都想像著自己的最終目標——與愛迪生合作。

他深知機會操之在我，因此始終保持開闊的心胸與樂觀的態度。

機會眞的出現了。原來愛迪生剛剛發明了一種新的辦公室用具，名叫愛迪生口述機

（Edison Dictating Machine），可是愛迪生的業務員卻不相信這種機器賣得出去。除了巴恩斯以外，誰也看不出推銷這台不起眼的機器會是一個機會，他們反而認爲這是一件苦差事。

巴恩斯求見愛迪生，表明負責推銷口述機的意願，既然別人都沒有興趣，愛迪生就給了巴恩斯這個機會。巴恩斯果然不負所望，他推銷的成果好極了，於是愛迪生和他簽訂了專屬合約，由他代理這種機器在全美國的配銷。巴恩斯的心願已償；他現在與偉大的愛迪生合作事業了。巴恩斯的故事印證了以下這句雋言：

悲觀者只看見機會後面的問題；樂觀者卻看見問題後面的機會。

機會來臨時，許多人閉門不納，不知道機會稍縱即逝。

存著凡事明天再說的想法，永遠達不到目標。你等待的船隻不會在未來某一個未知的時刻駛來。把眼前唾手可得的樂趣推拖到下週或明年是一種浪費，你只在眼前、今天、此刻擁有這個機會。

期待明天或不久之後出現奇蹟，是不切實際而且必遭挫敗的想法，尤其是期待別人爲你塑造奇蹟，更屬不智。唯有倚賴自己的才華、自己的決心、自己的信念，才能創造

出自己的成就。

機會的國度

我們居住在這個優裕富饒的國家，往往會把最偉大的財富——「自由」視爲當然。我們每一位國民都享有表達的自由、行動的自由和享受機會的自由。

這是一個充滿機會的國度。它提供各種機會追求幸福、成功和財富，讓每一位守法公民終生享用不盡。法律保障每一個人工作的機會和保有努力成果的權利。

有些特殊利益團體不了解，自由不是平白獲得的。天下沒有白吃的午餐，不是自己掙來的財富，就無權享有。財富的創造是由自然法則和經濟狀態來控制。如果有太多人不勞而獲，社會體制便會崩潰。

因此，機會正等著你去創造，你只需要開始享受工作樂趣即可。你擁有一切基本自由，諸如更換工作、接受教育、接受訓練、開創事業、創新產品或提供更佳服務等。機會的根源是自由，有了自由，人人都可以按照個人的能力和夢想，去追尋成功與幸福。

有些人是投機份子，一心只想以別人爲墊腳石而攀上高枝，企圖損人而利己。這類一意孤行、反抗社會的人是享受不到工作樂趣的。不顧一切地積極侵略，正暴露了他日漸衰微的自我尊重。

實在說，生命中最可貴的機會之一，就是建立自尊的機會。沒有自尊，世間一切的榮華富貴都成了虛空。若不先尊重自己，便談不上尊重他人。機會不是從別處偷取來的，它只能出自你的內心。

機會是自己創造的

人間處處是機會，但只有那些預作預備的人才能認出機會，並加以有效地利用。未經妥善準備，任何人也無法看出或利用優勢。請記住，機會往往喬裝成問題而出現。

電影大亨高德溫（Samuel Goldwyn）曾經說：

我想所謂運氣，就是能察覺機會所在，並能即時掌握。人人都有時運不濟的時候，但人人也都有機會。只要敗而不餒，掌握機會，就能成功。

能操勝券者從不等待幸運女神來敲門，他們深知所謂幸運，其實是自己創造的。事業有成的人也知道，霉運是消極思想所形成的。反之，開放而樂觀的態度能造成良性循環，製造出更多的幸運。

善用機會就是：

● 在逆境中尋覓機會。
● 事先想像掌握機會可獲得怎樣的報償。
● 遭遇挫敗時，要了解這只是一時的不便，無礙於挖掘機會的寶藏。

即知即行

1. 心胸要開闊。誰也無法預知機會來自何方。聽聽別人怎麼說，多會見各行各業的人。有些事起初看來沒有吸引力，這時可設想如何將它轉變成大有可為的事業。
2. 機會稍縱即逝。昨日之事不必回顧，明日之事難以逆料，唯有今天才是真正存在的。
3. 研究未來趨勢和發展，以補實際工作經驗之不足。機運和升遷永遠等待著那些在工作上領先別人一步的人。多讀有關貿易和工商業的雜誌和報紙，了解本行本業的新發展，參加電腦、文字處理或自動化的研習課程。這些都是可供一般工作人員開啓機會之門的鑰匙。
4. 機會奇妙無比。你抓住的機會愈多，接續而來的機會就愈多；你掌握

的機會愈少，它便愈來愈難得一見了。不要等待最好的機會，而要緊握住每一個機會。即使這個機會行不通，你也能找到陸續出現的許多其他機會。

愉快的工作者知道下面這個公式：

機會＝心胸開闊＋態度樂觀。

第*14*天

適者生存

We must cut our coat according to our cloth,

and adapt ourselves to changing circumstances.

—— *William R. Inge*

量製衣服須求合身，

環境改變應求適應。

——英吉

工作和生活是變化無窮的。以市場狀況而言，消費者的需求和廠商的供應能力無日不變；新產品和新服務不時上市，舊產品和舊服務則漸遭淘汰。辦公室和工廠中的權力結構在改變，新科技的引進也在增強交貨的能力。人們心中充滿壓抑不住的渴望，追求新穎，追求變化。

縮小範圍來看，職場的變化也是層出不窮。新的任務有待執行，不同的客戶要去接洽，老闆因應市場變化而對員工提出新的要求，舊產品停止出售，新產品開始生產，有些員工另有高就而離職，新人於是受聘遞補。

每遇變化，職場的人際關係便會改變。這改變也許微小，也許劇烈，但每次變化都可能造成機會。

應付變化的恰當作法是適應變通，這樣才能善用無時無刻不在改變的環境。

別學恐龍

一億年前，地球上處處是體積龐大無比的恐龍。

後來變故發生了。科學家至今不能確知究竟是怎樣的變故，總之在很短的時間內，這種巨型動物滅絕了。科學家唯一可以確定的是，恐龍無法適應這種變故。

動物王國中的恐龍從此絕跡，然而當此二十世紀末葉，工業界仍有一些像恐龍般不

知變通的機構在苟延殘喘。請記住，能變通才能生存。

企業不能適應市場需求的變化，在一九七〇年代中期曾有一個典型的事例。當年產油國禁運石油，嚴重破壞全球經濟，消費者對省油小型車的需求應運而生。在美國底特律的各大汽車公司卻不願、也不能儘快改變生產觀念和製造方式，生產省油小汽車；而在太平洋的彼岸，日本廠商看出這個機會，預料購買小型外國車的其他國家會愈來愈多——這在過去是無法想像的。結果是，幾年之間，日本人主宰了汽車市場，底特律的那些現代恐龍幾乎就此一蹶不振。

工作人員中也有恐龍式的人物。就在日本汽車橫掃美國市場時，許多獨立營業的汽車經銷商不再經銷底特律出品的各型汽車，轉而代理豐田、本田和馬自達等牌的日本汽車。比爾就在這樣的一家汽車經銷店工作。他曾推銷克萊斯勒的汽車二十年，對它的各種車款，甚至活塞的位置都瞭如指掌。當上司宣布現在開始改銷豐田汽車時，比爾很不以為然，他完全不知如何推銷這些外型古怪的小東西。這種排斥心理影響了他的表現，導致他在向顧客推銷時，最後總是說：「老兄，這種車和我們過去銷售的大不相同。如果你決定不買，我絕不會怪你。」不用說，比爾的業績和薪水直線下降。

另一名推銷員吉姆則不然。他看出自己對美國車的知識即將失去效用，於是利用業餘時間，請教豐田汽車的業務代表，盡心學習有關新車的種種，因而了解到自己公司代

理的這種汽車，將給市場帶來極大的震撼。事實上，吉姆正是勸說老闆改銷日本車的人之一。由於他的熱心推薦和樂觀態度，吉姆不久就成爲業績最好的業務員。更由於他提議改銷日本車使老闆大爲激賞，最後老闆竟邀請他成爲合夥人。

經濟學家都承認市場上物競天擇的法則。這個法則適用於公司，也適用於個人：不能適應，便遭淘汰。

在工作上，我們不應該像恐龍一樣，無法適應新環境。周遭有許多新奇的機會：學習新技術、深造、更換職務、創新企業等，可惜我們往往視而不見，甚至根本不去尋求新機。張開心靈的眼睛，看出挾機會而來的變化，是很重要的。這些機會可以改善我們的生活。箇中關鍵就在於適應。

老鼠走迷宮

科學家爲了做實驗，有時會訓練老鼠走迷宮。走到出口處，老鼠便能得到一塊乳酪作爲獎賞。

如果不給乳酪，老鼠仍會依照記憶中的路徑走幾次，但等到牠們了解走完迷宮也得不到乳酪以後，便會試走別種路徑。老鼠很快便能適應環境的變化，並設法以新方法得償所願。

人類有時卻不如老鼠聰明。知道了以某種方式行事而獲得報償之後，我們便會一再重複該方式，即使「乳酪」拿開了很久，仍不知變通。人類的行爲有時候像蜜蜂。把幾隻蜜蜂放在瓶口敞開的瓶子裡，側放瓶子，瓶底向光，蜜蜂會一次又一次地飛向瓶底，企圖飛近光源，絕不會反其道而行，試試另一個方向。困於瓶中對牠們是一種全新的情況，是牠們的生理結構始料未及的情況。但是，牠們無法適應改變之後的環境。

幸運的是，我們人類沒有這種先天的限制，而是擁有順應環境的智慧。科學家已經發現，適應一切環境變化的優越能力，正是人類得以取代恐龍，稱霸地球的原因。

在工作上存有恐龍心態的現代人多半：

- 頑固。
- 嚴苛。
- 立定不前。
- 缺乏彈性。

另一方面，有所成就的人則是：

- 勇於嘗試新方法。
- 樂於冒險。
- 求進步。

● 喜試驗。
● 能變通。

努力嘗試

我們常讓自己受困於現狀。儘管內心痛苦，亟盼改弦易轍，卻常覺得現況雖然可悲，但至少已經熟悉。許多家庭主婦、工廠工人、經理人員甚至副總經理都是如此，他們沒有看出周遭的潛在機會。

太多人因恐懼失敗而不敢輕舉妄動。這種恐懼心理局限了我們的眼界，低估了我們的能力。

獲致個人成就的首要因素之一，就是願意嘗試。其實，這也是學習和進步的唯一途徑；嘗試、錯誤、嘗試，終至嘗試、成功。在嘗試的過程中，你也許會犯下許多錯誤，但最後終能打開一條生路。換言之：

力求成功而遭失敗，遠比不勞而獲要好得多。

再舉一個例子。這次瓶子裡不放蜜蜂，改放幾隻蒼蠅。瓶身平放，瓶底向光。不到

幾分鐘，所有的蒼蠅都飛出去了。牠們多方嘗試——向上、向下、面光、背光。即使常會一頭撞上玻璃，但最後總會振翅飛向瓶頸，飛出瓶口。

美國康乃爾大學教授威克（Karl Weick）解釋這個現象說：「橫衝直撞要比坐以待斃高明得多。」

能夠致勝的人總是：

- 嘗試。
- 改變。
- 實行。

換言之，不要束手呆立，努力試試看吧！

即知即行

1. 視變化為正常現象。不斷注意並衡量自己適應變化的能力，包括步調、彈性的改變、新觀念和出乎意料之外的事。看看自己適應變化的速度是否夠快。
2. 不要採取「寧為玉碎，不為瓦全」的做事方法。如果事情的發展不全

然如所預期，應盡力挽回頹勢，不要像那排名第一的球隊，輸了一場球便認為整個球季都一敗塗地了。

3. 勿為瑣事費神。要改變一件小事所需投下的心力如果太大，就不要費事了，讓它去吧！我們的心思應該專注於重要的事。

4. 探索增加做事效率的方式，自創行事方法。不妨綜合舊方與新法而另闢蹊徑。對於無法改變而必須接受的事物，則設法適應。

成功的工作者了解一件事：能適應，才能生存。

第*15*天

勇於進取

The bywords of a loser are: I wish...

A winner says: I will!

—— *Denis Waitley*

失敗者愛說：「我但願……」

成功者卻說：「我要！」

——魏特利

進取心始於一份渴望。當你渴望實現夢想時，進取心便油然萌生了；當你堅信能改善自己的生活狀況時，進取心進而滋長茁壯。渴望是原動力，當你想要一樣東西、想要做成事，心中便有一份力量，推動你去獲得、去達成。

進取心是內心的驅動力量，是經由想像而產生的意念。我們可利用進取心作爲推動自己向目標邁進的強大力量。有進取心的人會勇往直前，屢仆屢起，爲實現夢想而努力。

你擁有這項必備的特質嗎？如果你符合下述情形，便是有進取心的人：

- 有所成就時欣喜若狂。
- 爲求成功樂於接受挑戰。
- 強烈渴望改善現狀。

每個人內心都有一份力量，可以推動自己上進，可是有些人不敢爲追求夢想而冒險。然而，要享受工作樂趣，積極進取是一個主要關鍵。其實，想在任何一方面有所成就，都必須有進取心。

渴望是推動力

有些人以爲，個人的進取心就如同汽車的遮陽棚，有沒有都無所謂。其實，進取心

有如汽車的馬達，不論個人的行爲是積極的或消極的、有利的或有害的、有意的或無意的，它都是這一切的推動力。

不過，除非你自己想要改善生活，否則外來的刺激發生不了作用。要等到你懂得省察內心的希望時，外來的刺激，諸如激勵人心的談話、演說、集會、紅利、競爭甚至勵志書籍等，才能發揮作用。

此外，進取心是可以學習而來、培養而成的。它不一定與生俱來，有進取心的人也未必才華出衆。進取心與智商高低毫無關係，與出身背景、家庭環境鮮有關聯，與個人能力、教育程度、有無技能等因素也同樣無關。進取心是一種發自內心的力量，讓你不畏艱難挫折，勇往直前。

除了生活中身心兩方面的基本動力——生存、飢渴、愛心、金錢、快樂與信心之外，主宰人類行爲的還有兩種強而有力的情緒：恐懼與渴望。

恐懼是一種力量強大的消極刺激因素。員工和雇主都以威脅、弄權和懲罰的方式來使對方恐懼，以爲這是達到目的的捷徑。其實，恐懼的心理會造成限制、壓抑、束縛、恐慌和強迫等效果，形成緊張、焦慮與敵意的情緒，終致破壞計畫、損毀目標。

另一方面，渴望卻是推動個人進取心朝積極方向前進的力量。它使人心情振奮，活力充沛；它鼓舞我們熱情洋溢，追求卓越。渴望是能樹立、計畫並達成目標的一種情

緒。它的推動力量能帶來希望、樂趣和成功。

進取心正是思而不行的人所缺乏，但卻是力行不懈的人所擁有的特質。

什麼是進取心？

許多人都沒有把進取心投注在明確的目標上。如果沒有特定的目標，進取心很快便會分散而削弱了。但如果有一個明確的目標，進取心便會形成一股強大的力量，幫助我們成功與成就。

進取心有如水蒸汽。水蒸汽散入開闊的大氣中，便蒸發而消失了；如灌注於斗室中，能使人感到悶熱難受；但如利用蒸汽來發動引擎，卻能推動重達千噸的火車。

進取心也是如此。它可能從你身邊溜走，消失於無形，讓你頹喪而消沈；它也可能困處於你的方寸之間，令你焦躁又備感挫折。但如果利用它來追求目標，卻能幫助你達成任何願望。

有心進取，但不能付諸行動，便毫無意義。即思即行是動機與行動的結合。

我認爲我能！

進取心＋行動＝即思即行。這是達成目標的必經之道。

許多人擁有這公式的第一部分：進取心。他們符合進取心的三種條件：有所成就時欣喜若狂；爲求成功樂於接受挑戰；強烈渴望改善現況。

但他們從未以實際行動來凝聚進取心的力量。

爲什麼？很簡單。有一種念頭阻礙了行動、抑制了進取心、破壞了獲致成功與幸福的機會。這念頭是：我辦不到。

有太多人在面臨危機或機會時，都畏怯而退縮了。他們心中第一個想到的念頭便是：「我不能。」

「星期四就得交出這份報告。」

「噢，不可能，我辦不到。」

「新訂的銷售目標是這樣……」

「可是這太難了，我沒法達到。」

「你可以大獲成功！」

「不，我不行，我辦不到。」

把目標訂得很低的人，當然輕而易舉就可以達到目標。

然而，人生未必要如此庸庸碌碌度過，你可以換一個積極有力的念頭：我能。

許多人只不過是換了這個念頭，便扭轉了他們的一生。這個念頭的效果的確驚人。

一個人自認能達成的，與實際能達成的，其間差距極小，不過他首先要相信自己「能」。人只要堅信自己辦得到，他幾乎無所不能。

不論你的目標是什麼——做成買賣、獲得升遷、拿到博士學位、賺一百萬美元或謀得職業，只要存著「我能」的念頭，便可過關斬將，馬到成功。

請你現在就告訴自己：我能。一再地說，重複地說，每天說一百遍。很快你便會發現，自己對一切公事與私事都充滿了熱忱。

存著「不能」的念頭實在沒有什麼好處。如果你認爲自己能，相信自己能，你會發現你眞的能！

即知即行

1. 以「辦得到」為常用語。實際上，你接到的任務、遭遇的挑戰，絕大多數都是你能勝任的。「辦不到」是「不願嘗試」的同義語。
2. 不說「我但願」而說「我要」。認真思考要做的事情，並找到可行之道。不要費心追悔想做而未做的事情，自尋煩惱。
3. 認清自己的人生目標，列出五項最重要的願望，這些便是推動你朝向

成功與滿足邁進的力量。養成不斷複誦每一項目標的習慣：「我要……，我辦得到。」「我要……，我一定能。」肯定確鑿的自我期許，是你最強大的推動力量。

知道下面這個公式的人，在工作中大都充滿樂趣；
進取＝渴望＋行動。

第16天

盡職負責

You can't escape the responsibility of tomorrow by evading it today.

——*Abraham Lincoln*

該負的責任，逃得了今天，

逃不過明天。

——林肯

工作上不能感到滿足的一種原因是怨天尤人。這個毛病自人類開天闢地以來就存在。《聖經》〈創世記〉第三章第十二節裡描寫亞當吃下蘋果之後，在上帝面前指著夏娃說：「你所賜給我、與我同居的女人，她把那樹上的果子給我，我就吃了。」在工作上諉過於人更是常見的把戲：「這是他的錯。」「他沒有做那件事，所以我不能做這件事。」或是「這家公司並不賞識我，我何必白費心力？」

心智不成熟的人總是怪罪別人──老闆、祕書、公司、命運、手氣、星相等任何人、任何事，只除了他自己。心智比較成熟的人則會自問：「我到底什麼地方不對勁，出了這種差錯？」「我疏忽了哪一件事？」最後則思量：「下次我要怎樣做，才能避免失敗，達到目的？」

諉過於人，便無法自錯誤中學習經驗，這就好像戴上眼罩，視而不見一般。我們若不能認清失敗的原因何在，便無法處理失敗的後果。於是我們不但不能改進自己，反而落入犯錯、怪罪別人、不求長進、重蹈覆轍……的惡性循環。

心理健康之鑰

你是否在可以推卸責任時就推卸責任？你是否害怕負責任？你是否認爲責任是一種負擔，它會拖累了你；你是否認爲責任是肩頭的重壓，使你不能任意而爲？實情與你想

像的恰好相反。科學家新近對生物回饋功能和沈思冥想效果所做的研究已經證實：有責任感、能克己自制，心理才能健全。

現在美國有很多人在學習經由訓練來控制腦波的射出、脈搏的頻率、痛苦的發生，以及其他身體機能。爲了防止偏頭痛的發作，可以藉意志力升高體溫；爲了增加流向心臟的血液，可使動脈膨脹；爲了增強體能，可放鬆肌肉和神經末端。

在心理學上也有同樣偉大的突破，這些突破是馬斯婁（Abraham Maslow）所發現，羅吉斯（Carl Rogers）、葛拉瑟（William Glasser）、弗蘭克（Viktor Frankl）等著名病理專家都曾實際運用。

馬斯婁的理論一般稱爲責任心理學（Responsibility Psychology），對人類的成長極限和潛能極爲樂觀。它的中心論點是：無責任感、無價值觀與無道德觀，會造成異常行爲、精神衰弱和智力退化。

治療患有這些症狀的人，不需要使用佛洛伊德式探索既往祕密的心理分析法，而是要協助病人了解，目前的一切行爲要由自己負責；未來的所作所爲也要由自己負責。

精神衰弱、抑鬱不樂的人一旦開始負起自己的責任，便可著手向積極的目標努力，而不再自毀前程或畏縮膽怯了。

種瓜得瓜，種豆得豆

《聖經》上說：「要怎麼收穫，先怎麼栽。」中國古諺也說：「種瓜得瓜，種豆得豆。」在歷久不衰的音樂劇「奇幻世界」（*The Fantasticks*）中，有一首歌開頭是這樣的：「種蘿蔔，得蘿蔔，不會長出包心菜。」善有善報、惡有惡報，這是舉世皆然的定義。奈丁格爾（**Earl Nightingale**）在廣播詞和作品中稱之爲因果法則（**the Law of Cause and Effect**）。

這是說種一個因，得一個果；通常有幾分努力，便有幾分收穫。也就是說，善用我們的心智、技術和才能，必定能在生活中得到報償。負起我們個人的責任，把天賦、才能發揮到極致，必能獲得無限的快樂、成功和財富。這道理對每個人都適用。

可惜在實際生活中，能善加利用潛能的人千不得一。大多數人都把生命一點一滴地浪費掉了，自己卻像個局外人一般漠然旁觀。

搶奪屬於別人的功勞、報酬或讚美，絕無任何好處。你自以爲騙得過老闆、部屬或同事，其實只是自欺欺人。你若行事有虧職責，等於剝奪了自己成長和成功的機會。

眞正富甲一方或成大功立大業的人，都是忠誠負責的人。他們對自己、對別人都同樣出之以誠，因而能達成最終目標：成功、致富與幸福。歸根結蒂，我們只能從自己身

上手取到時間、才能和成就。

能爲自己的思想、工作習慣、目標和生活負責，你會發現你在開創自己的命運，走向成功之途。只要你種下率眞、自制和負責的種子，便會得到滿足與喜樂的豐收。

權利與責任

每一項權利都有它相對的責任。美國開國元勳在「獨立宣言」（the Declaration of Independence）中闡明，我們的基本權利——生活、自由與追求幸福，都不是國王、政府或國會所規定，而是上天要求的。

確實，自由與責任密不可分，它們是一體的兩面。若不負起責任，自由終不持久；而只要我們以負責任的態度運用自由，自由將可常存。

可悲的是，許多人只關心自己的權利，忽略了自己的責任。不需負責的權利謂之「特權」。

受到恐懼、怠惰和貪婪的唆使，愈來愈多人採取效率低、品質劣的工作態度，道德標準也日益降低。這對國家生產固然不利，但那些誤以爲可以不勞而獲的人同樣可悲。

不錯，你可以推卸責任，但推不掉不負責任的後果。林肯說過：「該負的責任，逃得了今天，逃不過明天。」

你可以放棄對自己的責任，逃避對他人的義務，然而，最後的結果將是失去本身的自由，憂愁苦惱過一生。

負起責任，我們才能自在為人。負責任就是盡我們所能，善用心智、才能和技術，並發展新能力。負起責任，我們才有力量主宰自己的事業方向和成果。

人的一生，經常要在權利與責任、貪婪和欺詐之間作一選擇。如何決定，端看我們自己。

成功的責任在自己

除了因身體不適或內分泌失調所引發的心理不安等極端事例之外，一般而言，心理健康和事業成功的關鍵皆在於對自己負責。自知有能力掌握命運的人，必能不斷達成目標。他們了解，種什麼因，得什麼果，這事百分之百要由自己負責。

一切完全由你決定。外界事件、身體機能和情緒反應，都在你掌握之中。享受工作樂趣的心法，要點就在於了解。生活中的每一件事，都是你自己願意讓它發生的。其實我們尚有許多其他方式可供選擇，只是我們不願去想，或一向認為不可能罷了。

請記住，生活中發生什麼事故並不重要，重要的是你如何看待這些事故、如何處理這些事故。如有任何人或任何事可能打擊你的信心，你要堅持一切由自己掌握的原則，

不要坐困愁城，束手無策，要趕快保護自己！若能對自己的反應負起全責，你便學會了如何應付並適應工作的緊張壓力。

所以，你不應歸咎於自己的身體狀況、上司甚至政府，是你在決斷、創造，並在這個世界上爭得一席之地。一切榮辱歸之於你。

即知即行

1. 美國西點軍校學生常說：「我無話可說，長官（No excuses, Sir）！」當你犯錯或未達成任務時，不要口出怨言，不要自找藉口，也不要諉過於人，而要把失敗當作學習過程中不可避免的一部分。成功的人視失敗為相當自然的事，接受失敗如同接受讚美一樣容易。應做的只是重起爐灶，計畫、準備，冀望下次表現好些。
2. 清點你心目中自己的優點，寫下你欣賞自己的地方。過去一個月內發生在自己身上的好事，無分巨細都要記錄。你有責任讓自己內心的錄影機裝滿這類令人開心的鏡頭。
3. 在日常工作中實行盡職負責的基本原則：誠實、勤勉和力求公正。待

己真誠，對待部屬和上司同樣真誠；做事盡心盡力；作人處事力求公平。權利與責任實不可分，你既然勇於負責，自然會發現你的生活幸福美滿。

成功之人善盡職責。他們秉持一個信念：一切責任由我擔負。

第*17*天

事分緩急

By putting off happiness,
success and joy for some indefinite future time,
you are fostering within you negativism, self-doubt,
and self-delusion.

——*Denis Waitley*

把幸福、成功等愉快的經驗拖延到不可預期的未來，
便是助長了內心消極、懷疑、自欺的情緒。

——魏特利

我們想做、能做的事情非常多，如果想要全部做完，恐怕活一百輩子也不夠時間。人生在世僅此一次，我們只能盡最大能力，做最佳表現。

人若能長生不老，就沒必要設定目標、審愼計畫並選擇方向了。我們儘可以浪費時間，誤打誤撞仍能有點成就。可是，時間是生命的偉大統治者。逝者如斯，不分晝夜，誰也逃不出時間的掌握。年華老去，更無法回頭。因此，享受工作樂趣的一個重要條件，就是選擇一條通往目標的康莊大道。

換言之，我們要學會判斷、並排定事情的先後緩急。

腦中自有輕重之分

你見過專注於細枝末節而從無重大成就的人嗎？你的同事中，是否有許多人老是爲一些瑣事而分神？你的上司或部屬中，有沒有人經常中斷手邊正在進行的工作，或頻頻更換行業？這樣的人我們大都見過，而且在工作的領域內隨處可見。

這些人不了解一心不能二用的道理，只會把注意力放在瑣事上，自然無法同時處理重大事務。

人的心智有一項主要功能，便是過濾不必要的瑣事。一旦你決定了一個確切的目標，或是認定了一種思想、任務、行動或感覺對自己的重要性，你的中樞神經系統便會

自動警戒起來，開始過濾不重要的干擾因素，並傳達有助於達成既定目標的消息。

為了便於說明人腦分辨緩急次序的功能，你可以想像自己剛從鄉下小鎮來到台北市，上班的地點是在台北車站附近。星期一早上你剛到班不久，便感到自己難以安心工作，腦中充塞了太多前所未有的刺激：汽車喇叭聲、警車號笛聲、火車隆隆聲。到了下午五點鐘，你已頭痛欲裂，眞懊悔離開那寧靜的家鄉。可是幾星期不到，驚人的變化發生了，你開始能專心做自己的工作，儘管窗外車聲震耳，你仍能與人交談。

過了一陣子，你又奉派出差到故鄉小鎮的分公司工作幾天。在分公司的會議室裡開會，四周的寂靜令你六神無主。你可以聽到鉛筆筆尖劃過紙面的嗖嗖聲、與會人士身體移動的聲音、衣衫窸窣聲、咳嗽聲、清喉聲，這份靜寂眞要令你發狂了。

我們的心靈最奇妙的地方在於，一旦你想好事情的輕重緩急，它就能根據你的想法，排列出優先順序，去蕪存菁。這正是何以有些人能過濾不重要的旁枝，有的人卻雜事纏身的緣故了。

拖延令人困乏

成功與因循勢不兩立。

我們都知道這是實情，也知道「今日事今日畢」的道理。

可是，大多數人仍然反其道而行，遵奉「能拖就拖」的原則。

因循怠惰的人要付出慘重的代價，而且因果循環靈驗不爽。能拖就拖的人常感到時間壓力，總覺得疲倦，應做而未做的工作不斷給他壓迫感。「我知道我該做這件事，也確實想要去做，不過，也許過些時候再做吧。」拖延並不能讓你省下時間或精力，反而使你心力交瘁，這是一種令人困乏難受的感覺。

把幸福、成功等愉快的經驗拖延到不可預期的未來，便是助長了內心消極、懷疑、自欺的情緒。

因循怠惰是自毀前程的行爲，它與酗酒、吸毒或染上菸癮同樣有害身心。有這些惡習的人並不存心讓自己悲哀痛苦，只是爲了暫時解脫內心深切的恐懼才這樣做。

因循怠惰的人最大的恐懼是什麼？

● **恐懼失敗**。「我確實想做這件事，可是又怕自己做不成。所以如果我對自己說：『過些時候再做』，就不會立即面對失敗了。我可以安慰自己說，我會做成的，只是現在還沒準備好。」

● **恐懼缺點**。「我想把這件事做得完美無缺，可是又怕做不好。因此我決定拖到最後一刻，這樣即使做不好，我也有個藉口說，在這麼短的時間內能有如此的表現，已經是很不錯的了。」

- **恐懼差人一等**。「我凡事都要爭第一，可是又怕自己其實沒那麼行。於是我什麼也不做，如此便可以批評那些做了事的人。我可以告訴自己（以及其他任何人），換成是我的話，一定做得比他們好多了。」

你有因循的傾向嗎？

曾任美國參議員的日裔美籍人士早川雪（Samuel I. Hayakawa），對此人性的本質有一針見血的說法：「人類一切行爲的基本目的是爲了保護、維持和增強自我意象，而非眞的保護自己。」

因此，因循拖延是自我防衛行爲的過當表現。

你有因循拖延的傾向嗎？看看自己有無下列十二項朕兆中的任何一項便知道了：

- 逃避困難的工作情勢，希望有一天困難自然消失。
- 拖延諸如回信、整理檔案、收拾書桌等例行公事。
- 所擔任的職務早已失去挑戰性，卻還戀棧不去。
- 害怕遷居到另一個市鎭，害怕任何一種改變或冒險。
- 面臨困難或不愉快的任務時，常會生病或出小意外。
- 應做之事遲遲不做或做得很糟，最後不得不由別人代勞。

●雖然理由充分，立場嚴正，卻仍逃避與人抗爭。
●自己不成功、不幸福，卻歸咎於外在因素。
●以否定和批評的方式逃避責任。
●懷疑自己身體有病，卻不肯去做健康檢查。拒絕讓專業人員幫助自己戒除酗酒、服藥或吸菸等惡習。
●以「枯燥乏味」爲藉口，不肯全力工作。
●光籌畫人生重大目標，但從不付諸實行。

時間勝於金錢

時間有如公正的雇主，給每一個員工均等的機會。每一個人每天都擁有二十四小時，不多也不少。寸金難買寸光陰，科學家也不能創造更多的時間，今天的時間更不能儲存下來改日再用。

然而你卻可以浪費時間。多數人每天都虛擲許多寶貴時光。你是否常問自己：「怎麼一天又過去了？我什麼事也沒做成。」或是：「我昨天到底做了些什麼？我都記不得了。」韶華易逝，永不再來。眼睛盯著電視螢幕不放是最浪費時間的事，而一般人每週大約要花二十八個小時坐在電視機前。

儘管如此，時間卻是極其公平而慈悲的。不論過去浪費了多少光陰，明天你仍有整整二十四小時。如果你剛剛浪費了一小時，你仍可從下一個小時開始著手重大事情。

爭取時間的唯一方法是善用時間。成功的人懂得利用零碎時間，例如兩次會議中間的十五分鐘空檔、搭乘公車的半小時閒暇等。這些零碎的時間可以用來籌思計畫、安排辦事順序，以及實際進行工作。最善於利用時間的人便能成功。

一事無成的人則愛談論「消磨時間」。這種人其實是在消磨自己成功的機會，你聽過「時間即金錢」這句話吧！在人生大道上雀躍前行的人都知道，時間其實比金錢更可貴，它是人生最寶貴的東西。

你擁有充裕的時間。利用它吧！利用這珍貴如黃金的每一分鐘。

如何戒除因循惡習？

1. 現在就花五分鐘，想想自己拖延了哪些事情，寫下所有應做而遲遲未做的事。
2. 立刻進行其中的一件工作。把耗費在尋找藉口上的精力，轉用在你一直逃避不做的事情上。動手去做，憂愁焦慮就會消除。
3. 如果事情起頭最難，給自己設定一段極短的時間，來完成初步的工作。例如，設定今天上午十一時開始，十五分鐘內完成初步工作。你會驚訝十五鐘在一眨眼之間就過

去了，而你已經踏出穩健的一步，將可順利進行並完成工作了。

4. 動腦筋打破枯燥局面。例如在開會時，構想一個難以作答的問題；利用午餐和休息的時間作有創意的白日夢，並設定目標。

5. 想像自己只有一年可活，你要做哪些重要的事情？如何安排時間完成最多的工作？這種心智上的鍛鍊可以幫助你選擇最重要的事情先做。

6. 不要擔心不夠完美。重要的是付出的心力，不是完美的成果。

7. 不要用「我但願……」「我希望……」「也許我會……」等類的說法，而應該對自己說：「我要！」

8. 如果你拖延的事情牽涉到別人，應與他們商議。你遲遲不做的理由可能根本就是憑空想像的。相關的人可以給你鼓勵和勇氣，幫助你達成目標。

9. 如果你擔心付諸行動會產生嚴重的後果，並因此遲疑拖延，那麼，請你問自己：「我若今天就動手做，最壞的結果會是如何？」很可能最糟的情形其實也微不足道。

10. 想像工作一旦完成，自己將會感到多麼輕鬆自在。不再受憂愁之苦，不再懷疑自己的能力，也不再有無盡的壓力。

排定優先順序的關鍵

多數人對於自己在一天之中應做好哪些事，並沒有清晰的概念。有些人在特別忙碌或時限逼近時會訂下進度表，但是極少人每天都會列出工作表。

聽起來是不是太嚴格？可是生活在這繁忙迫人的世界裡，這是做好重要工作的唯一方法。而且信不信由你，有了一張工作表，你的生活會比較單純。

你不妨去買一刀紙，或是一本小記事本，寫下待辦的重要事項，諸如安排會面、打電話、在會議中提意見、蒐集資料、研究新計畫的各種方案、作決定、寫信等。要列得明確，比較大或長期的工作要拆成幾個小事項，例行事務不必列出，而要專注於比較重要的工作上。

然後仔細研究這張表，按照優先次序編上號碼。想想其中有沒有可以交給別人做的事項，有些事情由你的頂頭上司、部屬或其他部門的同事來做也許更好。

接著立即動手執行表上名列第一的要務，做完爲止。完成之後，在表上劃去這一項，再開始第二項。照表逐一進行工作，每做完一項便劃掉一項。快下班時，再爲第二天重新列一張工作表。今天未做完的事項移到明天的工作表上，並添加新事項，然後再排定先後次序。每天都如法施行，你會發現效果奇佳，而且你完成的工作還眞多。

有些人喜歡把工作表分成三欄，分別是：

- 立即要做。
- 今天之內做好。
- 有時間便做。

你也可以把你的工作表分成三欄：「立即動手」、「不可拖延」和「可以稍緩」。另一種可行之道是以顏色分類——紅色代表「急件」，藍色代表「次要」，黑色代表「有暇時再辦」。

老實說，有時候不可能做完表上的每一件事，但你應該做完所有的急事、大部分次要的工作，以及一些不急之務。如果你發現自己把「不急之務」全部做完，卻將急事拖到明天、後天……，你就必須重新安排利用時間的方式了。

不論你用何種方式擬訂工作表，要緊的是，你必須對各項工作的重要性有清楚的認識，成功的祕訣就在於排定事情的輕重緩急。

即知即行

1. 找出自己不能完成重要工作的原因。也許你可以列一張表：接不完的

電話、同事過來閒聊、工具或研究資料總是找不到、檔案雜亂無章、進度表安排不當、辦公桌一團混亂等。一旦認清問題所在，便要逐一解決，把這件事列為優先。

2. 買一本袖珍週曆，排定每週工作表。每天早上上班之前，便先察看這項工作表，做完的項目便劃去。每天都要排一次行事的優先順序。用這種方式，你會發現自己能達成較遠大的目標。

3. 列出五件你必須做、卻拖延不想做的事情。先估算做每一件事情需費時多久，再撥出時間來進行。不一定要在一天之內就把五件事全都做完，重要的是動手開始做。只要真正動手開始做，就能紓解心理壓力與緊張的情緒，也讓你因此能夠接著做其他重要的事情。

能排定事情輕重緩急的人，可說是做到了今日事今日畢，以及現在就動手做的好習慣！

第*18*天

冒險犯難

Total security is a myth.

The only totally secure person is one who is lying horizontally,

with a lily in his hand, six feet under the ground.

—— *Denis Waitley*

絕對安全是一則神話。

唯一能獲得絕對安全的人

是躺在棺材中，埋在地底下的人。

——魏特利

絕大多數人多多少少都害怕重大改變，即使是代表進步的改變亦然。這是因爲任何一種改變都有冒險的成分在內，而我們總以爲冒險不是好事。

許多人不願冒險。他們一方面了解，爲求改進，必須冒一點險；另一方面又恐懼改變。他們知道許多人冒險犯難，終致成功，可是他們不能想像自己也這麼做。因此他們屈就一份自己並不滿意的職務，養成散漫怠惰的工作習慣，與人相處也時生勃谿。不敢冒險的人，往往便無法感受到工作的樂趣。

不敢冒險的心理可大致分爲兩類：伊卡爾斯情結（Icarus Complex）和鴕鳥心態（Ostrich Syndrome）。

伊卡爾斯情結

伊卡爾斯是希臘神話中的人物，他企圖以蠟製的翅膀飛向太陽，可是一靠近太陽，炙熱的陽光便晒化了蠟翅，把他狠狠地摔回地面。

許多人追求成功，遭遇也是如此。他們好高騖遠，所擬計畫不切實際，結果像伊卡爾斯一樣鎩羽而歸。其中有些人會鼓足勇氣再試，卻沒有從過去的錯誤中學得經驗，結果當然一敗再敗。他們於是想：「我試了又試，可是始終不成。」

如果你出現下列現象，你可能便有伊卡爾斯情結的傾向：

●幻想發大財的新法，卻從未實行。
●總是不能從自己的錯誤中學習。
●好賭而常輸，卻總是不死心，冀望有一天能「翻本」。
●不先做調查並盡力蒐集資料，便遽下決定。
●進行的計畫很多，可是極少能夠完成。

伊卡爾斯情結說明了爲什麼這麼多人終生不得志。他們總是眼看就要成功，或是功名如曇花一現，隨即由高處重重摔下。

鴕鳥心態

有鴕鳥心態的人正好相反。他們不想飛向太陽，甚至連看也不看它一眼。面臨危險之時，他們寧願把頭埋進沙堆裡。

如果你有下列現象，你可能也存著鴕鳥心態：

●極少考驗自己的潛力。
●不大關心自己個性的成熟和事業的成長。
●討厭冒險。
●工作不負責。

●事情出了差錯時，寧可不要知道。

稍一不慎，便會養成鴕鳥心態。長大成人之後，許多人決定少冒險，於是機會減少了，眼界狹隘了，新觀念難以接受，人生的樂趣也日益遠去了。

許多人一出校門，便不再教育自己，知識程度到此爲止。他們能擔任何種職務、與怎樣的人交往，泰半就此定型，一生前途也就此限定。

我們大都只求將就度日，得過且過。這樣做，是選擇一條最輕鬆、最沒有阻力的路，而且偷安地埋首於掘好的沙穴之中。

不擺脫冷漠與沈滯的枷鎖，是不可能享受工作樂趣的。不要效法鴕鳥，而要爲自己的前途善作抉擇，運用自己的智慧與力量去成長、去改變，去冒值得冒的險吧！

全然的安全也是危險

不敢冒險的人力圖在熟悉的格局中，小心翼翼地求生。可是在這一成不變的生活方式中，他們毫無樂趣可言，只會感到厭倦無力、寂寞無聊，無從發展而且惴惴不安。他們不清楚怎樣才能成功，卻確知怎樣避免失敗。安全是他們生命中的主要目標。至於工作的樂趣，甚至生活的樂趣，已被減少到能維持生存即可。過分謹慎其實等於拿幸福和成功作賭注。

我們常爲自己找遁詞。「要是……」和「總有一天我會……」是兩句最容易壞事的口頭禪。

你可曾注意到自己總是在說：「要是我年輕一點的話」、「要是我沒有離婚（或結婚）」、「要是我沒生病」、「要是我及早想到」、「要不是爲了孩子們」等類的話？不要再說了。存著「要是」的念頭不能成事。

生活在「總有一天我會……」的自我陶醉裡也毫無裨益。常聽到人說：「總有一天我會發財」、「總有一天我會再去念書」、「總有一天我會得到一切」等等。「總有一天我會」是一個永遠不會實現的幻想國度。

不入虎穴，焉得虎子

絕對安全是一則神話。唯一能夠獲得絕對安全的人，只有躺在棺材中、埋在地底下的人。

人生注定了充滿危險。出生危險、過街也危險。生命中危機重重——生病、意外、查稅、革職、破產等。然而，生命中也處處是可帶來歡樂的冒險——健康、愛情、幸福家庭、稱心如意的工作、升官、發財、夙願得償。

自限於安全與熟悉的樊籠，便消滅了享受樂趣的機會。唯有破除舊習和舊規，才能

敞開心靈，享受人生，否則便與行屍走肉相差無幾。

危機既然無所不在，我們應該設法應付伴隨危機而來、不可避免的緊張和壓力。緊張的感覺是：胸口抽緊、心跳加速、噁心想吐、肩頸僵硬、頭痛、胃痛。雖然令人不適，卻是必須經歷的。

快樂的人，不論他們是主管、工人、教師、醫師或家庭主婦，他們對工作中遭遇的壓力都坦然接受。就像職業運動員一樣，知道辛苦勞累、流血流汗都是爲了突破已有的表現，正如俗語所說的：「不入虎穴，焉得虎子。」

有些壓力是必要的。人類需要挑戰，有壓力才能有成就。但是過度的緊張、或對緊張情緒處理不當，卻可能危害健康。

有些人希望永遠感到安全、受重視，於是用鎭靜劑和酒精來驅除不愉快的感覺。冒險對他們來說太可怕了，他們寧願繼續過枯燥無趣的生活。

可是享受工作樂趣的關鍵之一，就是視冒險爲生活中必然的一部分。也就是說，你要試鍊自己，看看自己能承受多少風險，並且找出應付壓力的方法。

這也是享受生活樂趣必備的條件：爲了追求美滿人生，你一定要冒一些險。不入虎穴，焉得虎子？

合理的冒險

冒險既然是生活中不可或缺的一部分，就不要極力逃避。過分害怕冒險只會令你憂鬱而自疑。我們並不是鼓吹盲目的冒險，一敗塗地與根本不試同樣有害無益。我們建議的是合理的冒險。

合理的冒險方法與籌畫達成目標的方法大致相似，也就是要把冒險分解成審慎而睿智的行動步驟。

每一次你要試行新計畫時，務必先了解可能遭遇的風險，然後探索、試驗，與有類似經驗的人討論。分析這件事盲目冒險的成分有多大，並預計成功的機會有多大。在努力的過程中，不時重估勝算。緊張既是冒險的必然副產品，你便應隨時鼓勵自己，用慢跑、靜坐、散步等方式來紓解壓力。

冒險的目的是擴展眼界、發揮才能。明智而合理的冒險會讓你感覺信心十足、勇氣百倍，而且能主宰命運。所以你應該對準目標、審慎計畫，然後冒險進行。如此一來，你很可能會成功。

即知即行

1. 嘗試適應不熟悉的事物，打破日常行事慣例。把家裡的電視機置諸高閣一週；換一條上班路線或換一種交通工具；到一家未曾去過的餐館午餐，最好還利用中午休息時間出去散步，認識工作場所四周的環境；與陌生人交談、結識新交；打聽更換工作的機會。

2. 冒險有時是令人頭痛煩惱的事。情況不順利時，不要遷怒於部屬、子女或配偶。試著戒除下班後小飲幾杯或下午三、四點時服用鎮靜劑的習慣。參加瑜珈術或氣功等鍛鍊身心的課程。學習以靜坐調息來放鬆心情。享受大自然之美，在山水之間滌淨心靈。

3. 在冒險之前，先看清楚一切可能發生的後果。也許實際上最壞的結果並沒有想像中的糟糕，而最好的結局卻是唾手可得。盡一切力量去除不利的因素，然後——奮勇出發吧！

如果你對於應否冒險猶豫不決，請記住：真正的危險是不冒任何危險。

第*19*天

汲取教訓

There is only one danger that can arise from adversity: mistaking the mistake for yourself.

—— *Denis Waitley*

逆境中可能發生的危險只有一個：
不當地歸咎自己。

——魏特利

你可曾沮喪消沈？遭遇嚴重挫敗？或爲自己所犯的錯誤過分自責？你可曾勞而不獲？你這一生中可曾發生個人悲劇？可曾因疾病或受傷而造成傷殘？你曾否因爲希望破滅而心情沈重？曾否因冒險犯難，結果徹底失敗？

以上這些情形，都不應妨礙你達成最後目標或尋得工作樂趣。失敗正如冒險和勝利一般，是生命中必然具備的一部分。偉大的成功通常都是在無數次的痛苦失敗之後才得到的。大劇作家兼哲學家蕭伯納（George Bernard Shaw）曾經寫道：「成功是經過許多次的大錯之後才得到的。」

工作的樂趣在於自錯誤中學習，因爲只要能從失敗中學得經驗，便永不會重蹈覆轍。失敗不會令你一蹶不振，這就像摔斷腿一樣，傷口總是會癒合的。

失敗爲成功之母

一夕成功是不可能的。每一個奮發向上的人在成功前，都曾經歷無數次的失敗。我們需要試驗、耐心和堅持，才能汲取經驗，得到成功。不管你是學習操作機器、推銷貨品、談判交易或激勵他人，都要經過這段過程。雖說成功能引發成功，失敗卻未必招致失敗。

有人說，失敗等於是一種浪費。如果讓失敗的情緒積聚在內心之中，干擾、腐蝕你

的心性，那的確是一種浪費。可是，農夫尚且能利用牲畜的排泄物和植物的枯枝敗葉當作肥料，滋養作物；人類又何嘗不能利用失敗作爲天然肥料，灌溉成功的種子？

享受工作樂趣，便是瞻望未來的成功，遺忘過去的失敗。要把錯誤和失敗當作是學習的方法，然後就將它們逐出腦外。

討厭自己職務的人作法卻恰好相反。他們只會回想過去的失敗，忘卻往日所有的成就，以致自信心慘遭摧毀。他們不但記住失敗的情景，還情緒化地將它深積在心中，爲每一次失敗自責不已。不過，雖曾遭遇挫敗、但仍喜愛工作的人卻能了解，過去犯了多少錯並不重要，重要的是能不能從每一次失敗中汲取教訓，以便下次能有更好的表現。

我們應該只將失敗和生活中其他不利因素當作修正方向、再度瞄準目標的工具。化失敗爲助力的方法是：

- 誠懇而客觀地審視周遭情勢。不要歸咎別人，而應反求諸己。
- 分析失敗的過程和原因。重擬計畫，採取必要措施，以求改正。
- 在重作嘗試之前，想像自己圓滿處理工作或妥善應付客戶的情景。
- 把足以打擊自信心的失敗記憶一一埋藏起來。它們現在已經變成你未來成功的肥料了。
- 重新出發。

你可能必須再三試行這五個步驟，然後才能如願達成目標。重要的是每嘗試一次，你就能增加一次收穫，並向目標更邁進一步。

從批評中學習

坦然接受批評不是易事。每個人都怕出錯。自小師長便教導我們犯錯是不好的事，會因此失去親朋的疼愛，但是我們可以學著行動不受情緒左右。

受到批評，不必感到失望、不平或憤怒，而應把精力用來研擬一項明確的計畫，以平息批評，重新起步。與有關的人共同研究你的計畫，不要浪費時間和精力彼此抱怨，應該共同努力，解決問題。

有時候我們又太勇於自責了。我們會說：「這都是我的錯。」或「我什麼事都做不好。」如果是我們的錯，自責倒也無妨，但明明不是我們的錯而強要自責，便有危險。喜歡自責的人內心常有「我是笨蛋，我是失敗者」的想法，這麼一來，下次你又會犯同樣的錯誤，或是根本就不再嘗試了。奇怪的是，我們的確能安於失敗。不花腦筋的自憐要比絞盡腦汁分析自己、籌思下次如何成功要來得容易多了。

另一方面，如果你不願自錯誤中學習，便會千方百計掩飾錯誤。隱藏的錯誤會成爲你工作上的毒瘤，甚至危害到你的人際關係和公司本身（尤其如果你是主管的話）。掩

飾錯誤就像掩飾癌症的徵候一樣，將導致整個機構的瓦解。你若有責任心，就該勇於認錯。你應該對自己這麼說：「我的能力不僅於此，下次我會表現得更好。」或「我沒考慮到這個因素，以後我就知道該注意這件事了。」

這就是「從錯誤中學習」的含意。

逆境中可能發生的危險只有一個：不當地歸咎自己。

你若開始以失敗者自居，便會眞的成爲失敗者。「你認爲自己是怎樣的人，就會眞的成爲怎樣的人。」這句格言在此處同樣適用。

自認不善與人溝通的年輕經理，將會發現自己眞的很難激勵部屬，進而更相信自己確實有此缺點。一位總經理的助理小姐，始終難以忘懷自己在高中舞會上老是坐冷板凳，結果她現在也老是覺得，自己在工作上人緣很差。這些人都是自取其敗，他們下意識的行爲嚇走了別人，僻傲自大、甚至蘊含敵意的態度也讓別人備感威脅。其他諸如業務員、商人、醫生、律師等各行各業的人，若沒有健全的自尊心，都會面臨相同的下場，實際經驗似乎「證明」了他們對自己的看法是正確的。正因有此客觀的「證明」，他們甚難察覺毛病出在對自己錯誤的評價上。

明天又是嶄新的一天

對於運動員的競技而言，比賽完了就是結束了——有人贏，有人輸。比賽不能重來，可是在工作上，永遠有第二次機會。套用郝思嘉的話：「明天又是嶄新的一天。」明天永遠有另一個成功的機會。

即使你徹底失敗了，上帝仍然不會拋棄你。祂會給你另一個機會，教導你度過難關。只要你不曾被逆境擊倒，而變得憤世嫉俗，你還可以從中學到許多寶貴的經驗。

你多半不能改變外在的環境，但你可以改變自己的態度：「明天的情勢或許和今天一樣，但明天的我絕不是今天的我。」你若改變態度，可能因此而改變整個情勢。

出了差錯時，不要慌亂，不要輕言放棄，應該仔細研究問題，像檢視電子線路板上的短路一樣。不要只注意毛病，而要專心研究下一步該怎麼做。

成敗皆良師

只要一息尚存，就有希望。不論遭遇何種不幸，只要能繼續生存下去，就證明了自己不是失敗者。

不論發生什麼事，絕不要認爲自己是失敗者，反而要阻止消極的思想侵蝕你的心

靈。不要落入不滿的陷阱，變得憂鬱、蠻橫或憤世嫉俗。處境不順時，千萬不要藉酒精或藥物來逃避現實，這些東西對心靈遲早會產生壓抑的效果。最重要的是，不要與其他失敗者同病相憐。不幸的人喜歡結伴同行，你那些什麼也做不好的同伴可不願見你脫離苦海，他們要你一起沈淪下去。

自以爲別人都與他作對的人，以及尖酸刻薄的人，比患了癌症還要不幸。事實上，有些醫學專家便說，這種精神上的墮落確實可能導致癌症。但是，毒瘤可以用手術割除，惡劣的情緒卻不能。只有你自己有力量糾正心理的偏頗，重回健康、富有和幸福的正道。

你也可以從成功之中學習。不要像許多糊塗人那樣：「我成功了！可是我不知道是怎麼成功的。」這種人雖一時成功，卻很少能繼續維持不敗，因爲他們沒有從成功之中學習。

當你成功地做好一件事時，你應該：

- 了解成功的因素，以便下次如法炮製。
- 設法尋求更好的方法，以便下次能做得更好，並且隨環境的變化調整方法。任何事都有可以改進的地方。
- 再次嘗試之前，想像自己在處理事情或應付客戶時與上次同樣順利。

● 著手追求再次的成功。

注意：這些步驟與自失敗中學習的步驟很相似。你可以看出，你過去是成功還是失敗並不重要，重要的是你能不能從過去的經驗中汲取教訓。

失敗並不可恥。你若跌倒，請記住：這只是在成功道路上一時的延遲。不管是成功或失敗，都要把眼光放在未來，想想下一步該怎麼走。不要回顧，永遠前進。這樣，每一項努力都會有所收穫。

好好學習這一課，你便掌握到享受工作樂趣的關鍵了。

即知即行

1. 不要渲染自己的錯誤。人非聖賢，孰能無過？如果消極的思想逐漸占據你的心靈，去做一次徹底的健康檢查，看看是否身體出了毛病。你也可以考慮請教專家的意見，同時與其他熱愛工作的人交往。他們會告訴你，他們也曾犯過重大的錯誤；他們可以協助你克服內心的恐懼。

2. 要找尋烏雲背後閃亮的金光。情況再惡劣，也總有值得安慰的地方。即使努力都告失敗，也可以專心從中學習經驗。

3. 內心自行訂定目標，而不要與他人比較。接納自己的現狀，但要不斷提升自己的標準、生活方式、行為、專業成就以及人際關係。如果不得已必須退後一步，下次一定要前進兩步。

4. 即使遭遇失敗，也要用鼓勵性、肯定的語句與人或自己交談。挫敗只是一時的，而你留存在潛意識裡的意象卻能長存不滅。

犯下錯誤、面對失敗或遭遇災難時，不要回顧，專心考慮下一步該怎麼做。

第*20*天

激發熱忱

The great accomplishments of man have resulted from the transmission of ideas and enthusiasm.

——*Thomas J. Watson*

人類最偉大的成就，

都是由思想和熱忱的傳揚所造成的。

——華特森

不論你是跌倒了剛爬起來，或是正奔向人生目標，有一種情緒能幫助你享受工作樂趣，那就是熱忱。

「熱忱」一詞，你聽來或許覺得虛假，或許會聯想到中學的啦啦隊員、公司裡給員工打氣的訓話，以及虛僞的奉承。

其實，眞正的熱忱與外在的熱鬧、引人注目無關，而純屬發自內心的熱情。英文的「熱忱」（enthusiasm）一詞是由希臘文 enthos 演變而來。此字意爲「得到靈感」，而 enthous 這個字又是由更古老的希臘字「神」（theos）和「內心」（entos）結合衍生而來，所以 enthusiasm 一字原始的字面意義是「你內心的神靈」。

創造了人間天上一切美好事物的神，是一切善、眞與愛的泉源，是推動你、鼓勵你，賦予你一份狂熱藉以超越自我的神靈。只要你了解到神靈永遠在心中，就會感到內心充滿著喜悅和熱忱。

致勝精神

成功、快樂的人無不滿腔熱忱。要想充分而有效地完成任何工作，熱忱是絕對必要的因素。有了熱忱，日常工作便有了樂趣。懷抱熱忱而工作，任務的達成既迅速又不吃力。

熱忱更有一大特色，即人人皆可擁有，它有如神靈，常駐我們內心。熱忱不是靠才能、天分或背景而得，反而是才具平庸的人，往往充滿熱忱，並憑藉著它飛黃騰達。熱忱是一種致勝精神，能克服先天的缺陷和環境的貧乏。

聖母大學（Notre Dame University）神學教授歐布萊恩（John O'Brian）神父曾說：

沒有熱忱，不可能贏得任何一場競爭。

熱忱殺手

沒有熱忱，不能妥善完成任何工作。在努力的過程中如果失去熱忱，你會放棄努力。有時候，我們連對自己最重要的事物，都會失去熱忱。

這個時代是一個冷漠的時代，滿懷熱忱的人常被譏為天眞、未經世故、傻氣。有些人與生俱來的熱忱已經消褪，變得冷酷無情，不願接受新觀念和新機會。這種冷酷心態表現於外，從尖酸刻薄、漠不關心、善妒、疏離到粗魯無禮都有。一個人不可能既好諷刺，又具熱忱。

有些人會說：「每天做牛做馬，已讓我筋疲力竭，還要我保有熱忱，實在太費力了。」醫生和精神病學家現在一致相信，心理因素比生理因素更容易造成疲乏。厭煩、

暴躁、怨恨、挫折感、匆促、憂慮、煩惱、緊張，以及不受重視和徒勞無功的感覺，都是熱忱殺手，它們會消滅精力，讓你感到心靈枯竭、欲振乏力。

服食興奮劑不能使你恢復精神，一天睡十二小時也於事無補。大多數人都沒注意到，精力與熱忱是相輔相成的。

爲了獲得精力，必須先付出熱忱。你必須知道如何在內心製造熱忱，然後在工作時始終維持不墜。

如何培養熱忱？

在你做事順利、剛獲升遷、做成買賣、簽訂合約，以及目標即將達成的時候，熱忱如泉湧出，得來毫不費工夫。

但在你早晨起來，感到沮喪、憂慮或恐懼的時候呢？一次慘敗之後，你如何收拾疲憊的身心？例行公事開始痲痺你的心智時，你如何再創新機？你內心的神靈還在嗎？你是否會拋開熱忱，等待時運好轉？

絕對不要這麼做。首先，神靈永遠在你心中。它就像一盞導航燈，永遠在低處照耀。要不要將它點亮，全看你自己。

但是，當你感到了無生趣，你如何點燃熱忱之燈？勵志專家一致認爲，熱忱可以由

外在引導至內心。

以下是幾個主要方針：

●**微笑**。科學家發現，微笑這個動作確能引起體內微妙的化學變化，鬆弛緊張的臉部肌肉。所以請展現笑容，你立刻會感到內心舒坦多了。

●**立正站好、抬頭、挺胸、縮腹**。姿勢挺拔，會使你的精神隨之一振。沮喪、無信心、憤世嫉俗的人走路總是彎腰駝背。他們的姿勢動作像在昭告世人，自己是敗軍之卒。因此你應該挺直而立，讓你的姿勢來說明你具有成功的潛能。

●**說話聲音響亮而清晰**。呢呢喃喃如道歉又似解釋的言語，既不能激發自己的熱忱，又讓人感到委靡不振。你的聲音應響亮有力，永遠蘊含笑意。

●**做任何事都當作是初次**。面對例行工作如打信件、接電話、沿門推銷、塡寫表格時，把每件工作都當作是初次進行。事實上，以打信爲例，每一封信的確也都有所不同。與其把所有任務都看成是一堆例行公事，不如以一顆生氣蓬勃的心，處理每一樁任務。業務員的情況也是如此。就算這件產品你已經推銷了上千次，對你的客戶而言卻是第一次。所以，你還是應該把它當作是一件新鮮有趣的工作，像是初次做一般。

●**遵奉「姑且當作」(as if) 的原則**。必須做一件乏味或單調的工作時，把它當作一件有趣的事來做。化工作爲遊戲，設法超越自己設定的目標，嘗試把任務的每一部分

都做得盡善盡美，或是加上自己的創意。執行職務時，當作你眞心喜愛這份職務，當作它確實引人入勝。這樣做的立即效果是，你不但可以輕易且迅速地完成工作，還能有多餘的精力享受休閒活動。同時，你的老闆或上司可能看出你的工作表現優異，而給你加薪或升級。但最大的好處是，你會對自己和自己的工作感到比較滿意。這種精神上的重振能推動你追求更遠大、更美好的前程。

●**給自己打氣**。存著正確的想法，能使每一件職務都變得趣味盎然。請用自我談話的方式激勵自己，作自己的心理導師。許多人做健美操或晨跑，那麼，你何不也鍛鍊自己的心智，讓它變得更堅強而敏銳呢？每天做一點精神體操，能使你的心理維持健康，充滿精力和熱忱。

●**存著「熱忱」的心念**。心緒領導行動，你認爲自己是怎樣的人，你就會成爲怎樣的人。最基本的是，如果你想藉熱忱激勵自己，就要以行動表現熱忱！

即知即行

1. 在工作場所的周圍散播熱忱的種子。笑臉迎人，讓別人知道你尊敬他們的努力，對於工作表現好的人不吝惜讚美。

2. 哼一首輕快的歌。早晨盥洗時唱歌，乘車上班時唱歌（也許會招來怪異的眼光，但這些瞪你的人必是凡事往壞處想的乖僻人物）。快樂的人會唱歌，而唱歌的人心中會滋生更多的快樂。

3. 談到自己、自己的工作和工作夥伴時，使用鼓勵性的肯定詞句。最重要的是，保持笑容！熱忱是會傳染的。

想使自己保持樂觀，活力充沛嗎？請記住這項定義：熱忱就是：你內心的神靈。

第21天

溝通之道

The greatest communication skill

is paying value to others.

——*Denis Waitley*

最偉大的溝通技巧就是重視別人的意見。

——魏特利

與人共事，是工作最大的樂趣之一。跟同事之間的友誼、和同業之間的交換心得、結識新顧客，都能在工作中注入歡樂、熱忱和活力。建立良好工作關係的關鍵何在？就是溝通。

反過來說，最能破壞工作樂趣的，莫過於職業上的人際關係惡劣了。其實，工作不愉快、生產力低、轉換職務等現象，大都不是因爲不滿工作本身，而是由於人的問題：和老闆、同事或部屬之間的摩擦。最常聽見的抱怨總不外是：「無法溝通。」

我們不斷與人溝通，有時是有意識的，有時是無意識的。所謂溝通，不僅是以言語，還可以經由動作、姿勢、眼神以及接觸等方式進行。

溝通良好意謂經由言語或非言語的方式，明確表達你的意向。更重要的是，溝通良好還表示你了解對方想要表達的意念。

溝通困難、企業倒閉，以及工作關係緊張，根源都在於無法了解別人的觀點。

不論是經理、主管或按時計酬的工人，難以與人相處的人都愛對自己說：「如果你不能以我的方式論事，我們就無從討論。不照我的話做就免談。」

另一方面，深具魅力、能激勵他人、善於推銷的人，總是以言語或行動在說：「我重視你的想法。告訴我你要什麼，我們可以並肩努力。」

在人生各方面皆一帆風順的人都知道一個祕訣：最偉大的溝通技巧，就是重視別人

的意見。這些人所持的態度是：「我要讓他們慶幸遇見了我。我要讓他們因爲我的話而整天心情開朗。我要讓他們樂於與我交談。」如果你遇見一個人，他讓你覺得：和這個人相處很愉快，跟他在一起，令人怡然自得，那麼這個人必是溝通高手。

失去的良能

如何讓別人了解你重視他們？只要你細心聆聽他們說話就可以了。傾聽是有效溝通最重要的關鍵，但也是最容易被忽略的。

傾聽是多數人已經失去的良能。現在，交談似乎變成兩個人輪流說話。很少人認眞去聽別人說些什麼，多半只是忙於考慮自己接下來要說的話，因此無暇傾聽。

談生意時尤其如此。雙方往往在言詞中施加壓力，爭占上風，大家都力圖打動對方，而非表達意見。

其實，在我們的公私生活中，如何傾聽遠比如何說話來得重要。只要能靜聽對方的需求，將可做成更多筆生意，刺激更高的生產力。我們未必需要、也未必能夠達到對方的要求，但爲了維持關係，我們一定得了解他們的需求。

別人正在說話時，你若表現出漠然、厭倦或煩躁的模樣，這場談話可能就此中止。你不以傾聽的方式表達對他人的重視，就等於在說「你對我不重要」。

後果如何呢？

- 生產力降低（「我在這兒微不足道，那麼我何必賣力？」）
- 員工紛紛求去（「誰要待在一個沒人重視你的地方？」）
- 怠工（「我只不過是機器裡一個小齒輪，只有在我犯錯時才有人注意到我。」）
- 報復（「唯有在怨聲震耳時他才會聽到。」）
- 買賣不成（「他好像根本不了解我的需要。」）
- 交涉懸而不決（「我沒法讓他明白。我好像是在對牛彈琴。」）

你知道爲何有人願花每小時五十美元的代價，找精神科醫生談話？那是爲了找一個聽衆，一個眞正願意傾聽他們說話的對象，以調劑身心。

傾聽別人說話，你也可以獲益。你的利益是成功、致富，因爲你花費時間細聽，而得知你的行業、你的上司、客戶及員工需要什麼；你也會因此而獲得友誼、忠誠和合作。別人樂於如此待你，只因爲你傾聽他們說話，表達了你對他們的重視。

主動的傾聽

有一位偉大的舞台導演曾說：「表演就是反應，用的是耳朵，不是嘴巴。」

傾聽不是被動，而是主動的行爲。這與一般人的想法相反。

如何引起別人注意？不是高談闊論，機鋒百出，也不是自我表現。如果你想讓別人注意到你，就要談他們重視的事情。

大多數人在溝通方面所犯的最大錯誤便是「我」不離口：「我要推銷的是……」「我的需要是……」「我想擔任這個職務，因爲我……」

你應轉而注意對方：「你需要什麼？」「可以爲你效勞嗎？」「我能爲你和你的公司做些什麼？」然後靜聽對方回答。談話的主題永遠要繞著對方轉，談談對他而言很重要的人、地、事。

有人說過，對別人表示關心，你可以在二十分鐘內建立友誼；但若老是炫耀自己，可能二十個星期也交不到朋友。

釐清自己的要求

你可曾有過如下的經歷，因而內心憤怒不已？「錯了，錯了，錯了。這不是我要的！」或「他們爲什麼總是不能照我的要求去做？」或「我下的指示明確之至，他們做出來的卻全不是那麼回事！」

首先你要明白，問題出在你，而非他們。如果你無法順利傳達意向，很可能是你不善溝通。

說來也很簡單，向別人傳達訊息的第一步，是切實釐淸自己的要求。許多人就是因爲弄不淸自己的意願，而用含混不淸的言詞表達意向。因此你最好費一點工夫先徹底想淸楚，以免信口而言，招致誤解。

其次，用語要淺顯，條理要分明。如果別人無法了解你，錯並不在他，你有責任把自己的觀念表達淸楚。仔細聽聽你自己所說的話，你是否眞的淸楚自己在說些什麼？

然後是徵詢反應——「你認爲有道理嗎？」「請你概述我的意思好嗎？」「請告訴我你認爲這是什麼意思？」然後細聽你說出去的話，再由別人轉述回來是怎樣的情形。這可能是讓你茅塞頓開的經驗。

有效溝通的祕訣

善於溝通是一種藝術，是透過眼睛和耳朵的接觸，把我們自己投射在別人心中的藝術。眼睛直視對方，全神貫注地傾聽，是有效溝通的基本法則。

此外尙有一些祕訣，我們願意與你共享。其中有些聽起來極爲平常，好像不值一提，但卻有很多人從未使用過這些妙方。

● **首先自我介紹**。不論是與人當面交談或電話聯絡，先要自報姓名：「幸會，我的名字是……」或「喂，我是……」交談開始之際，讓對方納悶：「我這是在和誰說話？」

是一件大煞風景的事。

● **練習熱烈而堅定地握手**。這對兩性同樣適用。請採取主動——先伸出你的手。

● **記住別人的姓名**。這是你對別人的最佳禮讚之一。別人在自我介紹時，請你留神傾聽，然後立即重述他的姓名，例如：「詹大維，很高興認識你。」如果你一時沒有聽清楚，請告訴對方：「對不起，我沒有聽清楚你的大名。」對方會感激你眞心願意知道他的確實姓名。

● **說話時，目光要與對方接觸**。當別人在說話時，你也直視他的眼睛。目光的接觸既能表達你對自己的言論充滿信心，也能顯示你重視對方正在發表的意見。

● **抱著「我要讓對方高興他會與我交往」的態度**。讚美對方，提出他感興趣的問題，幫助他放寬心情，侃侃而談。他會高興曾與你交往。

● **言論樂觀進取**。樂觀的見解會傳染給別人。講述你的工作樂趣、生活情趣和人生樂事給別人聽，你會發現大家都樂於和你交往。同理，即使你認爲自己理由充分，也要避免抱怨或訴苦。消極悲觀的言論會使別人也意氣消沈。各人有各人的煩惱，不要把你的重擔壓在別人肩上。

● **學習判斷**。別人告訴你某些事，也許並不希望你轉告他人。學習讓人對你有信心，覺得你會爲他們守密。

● **以服務為目的，不可以自我為中心**。要對別人關切的事表示興趣，而不僅是關注自己。只要你眞心關切別人的利益，別人會感覺出來，而與你接近。相反地，一般人若感到你心目中只有自己時，就會變得局促不安。

● **讓對方覺得自己地位重要**——全神注意對方，好像他的工作、困難或經驗對你同樣重要。先注意對方的興趣，對方會認為你是善體人意、關懷別人的談話對象。

● **確定自己充分了解對方的語意**。工作上的困擾往往是因誤解和誤會而產生。為了確定自己清楚對方的意思，你可以用自己的語句，把對方的話覆述一遍，並詢問對方你說的是否正確。他會欣喜自己被人了解，也會對你的力圖了解印象深刻。

● **開會或赴約要守時**。遲到就等於告訴別人：「這對我不重要。」如果因不可抗拒、無法預知的因素而遲到，應先打電話給對方，坦誠說明延遲的原因，以及何時可以趕到。你的禮數周到會讓人對你產生敬意，而不至於怪你姍姍來遲。

● **設身處地為他人著想**。學著感覺並接受別人的需要和彼此的歧異之處。嘗試從別人的觀點論事，也嘗試由別人眼中看你自己：「與我共事的滋味如何？」「我的上司對我的表現滿意嗎？」若能看清別人眼中的你，你在溝通方面會有效率得多。

本質上，溝通之道在於讓對方接受你的觀點，傾服於你。要達此目的，最有效的方式便是讓對方感覺受到重視。受人重視可能是人類最基本的情感需求。你讓別人感到自

己地位重要，他們會以坦誠、合作和互敬，慷慨回報。

建立在坦誠、合作與互敬基礎上的工作關係是最愉快的。所以，請傳達你的熱誠、自尊和活力給別人，你很快會發覺，自己身邊環繞著與你共享工作樂趣的人。

即知即行

1. 待人如手足。這些人包括你的上司、同僚和部屬。對於工作中遇見的每一個人都不可等閒視之，尤其要重視那些為你工作的人，若非他們的努力，便沒有你的成就。
2. 傾聽。溝通的重點在於傾聽。聽別人說話，要全神貫注。
3. 你對別人談話時，要散布積極、激勵的意念。不要諷刺，也不要批評。別人的觀點即使與你的看法大相逕庭，也要寬容接納。
4. 從別人眼中看自己。想像你是自己的上司、鄰座同事或你的部屬。初入一個機構時，設想別人對你的初步印象會是如何？原因何在？

與人溝通的祕訣在於傾聽，此言聽來近乎詭辯。讓我們換個方式說，
那便是：最偉大的溝通技巧，便是重視別人的價值。

第**22**天

和衷共濟

It is the individual who is not interested
in his fellow men who has the greatest difficulties in life
and provides the greatest injury to others.
It is from among such individuals that all human failures spring.

——*Alfred Adler*

不關心別人的人，
遭遇的人生困境最嚴重，
傷害別人也最深。
人類的一切失敗都起源於這類人物。

——阿德勒

英文裡的「合作」（cooperation）一字源自兩個拉丁字：「co」是「與」的意思；「opus」是「工作」的意思。所以照字面說，合作是指與他人一同工作。

這正是我們所處的情況。不論我們是在裝配線上、文字處理機後，或是電話機旁，一天都要花八小時與別人共事。因此，建立和諧的人際關係，是喜愛工作的要素。我們在工作上能擁有多少樂趣，直接牽涉到我們與他人共事融洽的程度，也就是雙方合作的程度。

圓滿的合作關係是相互的，如果你絲毫不肯讓步，便不能期望別人與你合作。相反地，你也不可能老是扮演讓步的角色，任別人予取予求。「合作」絕不表示「屈服」。

一個人無論多麼能幹、多麼聰明、多麼努力，若不能與人合作，事業上絕不會有大成就，也無法享受工作的樂趣。通往成功的大道是用合作關係鋪設而成的。

大家都是贏家

工作的樂趣不能藉「老大主義」的思想來獲得。犧牲別人換取事業上的勝利，並不能令你滿足。非爭第一不可的人通常很沒有安全感、容易輕侮別人，或有專制狂妄的傾向。結果，他們打了人生的敗仗。

現代人總以爲自己必須不斷汲汲於功利，這是時代的悲劇。粗俗的電視劇更增強了

冷酷自私的觀念。可是在現實生活中，秉持「寧我負人，毋人負我」的人生觀卻會造成自己悲慘的下場。

企圖主宰別人的人，其實是想藉外物的價值，來彌補內心的空虛。對生活中的失敗者而言，工作毫無樂趣，只是不得不勉強做下去。他們抱著「我贏你輸」的態度，最後則演變成「誰也別想贏」的態度。而真正的勝利者則持著「大家一起贏」的態度：「如果我幫助你獲勝，那麼我也就勝利了。」

這正是和衷共濟的藝術本質。

想想看你和哪些人合作融洽，你會發現他們都是你關心的人，例如辦公室裡的摯友、你的祕書、事業夥伴、值得信賴的顧問等，而這些人也都關心你。最能與你合作無間的人，也正是你關心的人。如果你在心中能優先考慮到別人的利益，而不是自己的利益，合作精神便自然滋生，進而蓬勃發展。

不僅在工作範疇內如此，在人生的每一方面幾乎也都是這樣，包括婚姻和父子關係在內。有人說過：「婚姻不是兩個人互相對視，而是兩人一致向同一方向展望。」同事間的合作關係也正如美滿的婚姻一樣。

和衷共濟的十大障礙	通往成功的十道橋樑
不可信賴	可靠
敵視別人	友善
怠惰	自動自發
雜亂無章	整潔
多疑	胸懷坦蕩
製造困擾	愉快開朗
好爭論	謙恭有禮
愛干涉	信任別人
不誠實	誠實
自私	替人著想

只取不予的人

在生活中「只取不予」的人，也就是那些不讓步分毫、吹毛求疵、自我意識強烈的人。說來有趣，他們都是因爲自尊心不足、自我評價太低，以致無法與人共事。

他們的外在表現，其實是在說明：「我一定要看起來堅強有力，我一定要高人一等，我不能讓他們知道我其實岌岌可危。」

力圖提高自己的重要性而作風頑固的人，實際上可能是在掩飾內心深處的恐懼。在他們那堅硬的外殼下，多半隱藏著一顆軟弱易碎的心。他們希望倚靠他人。

可是這樣的人又不容許自己倚靠別人，因爲他們誰也不信任。他們在一生之中有幾次自覺受到傷害，被他親信的人占了便宜，以致從此不敢坦誠待人。爲了防範那軟弱易碎的心受到傷害，他們排斥人際關係中正常的取予，於是成爲只取不予的人。

不論你的目標是享受工作、增加收入或當董事長，你都需要別人的合作，才能達成目標。你需要上司的提拔、部屬的支持、同儕夥伴的幫助。

建立這樣的人際關係，是享受工作樂趣的最佳方式。

要讓別人支持你，先得讓他知道：「如果我幫助你成功，那麼我自己也就勝利了。」換句話說，別人幫你達成目標，他們自己也需直接受惠才行。他們若覺得自己受到剝削，是不可能與你合作的。企圖犧牲別人來控制工作環境，必遭失敗。合作是與另一個人共同工作，不是爲他工作。

別讓情緒左右人際關係

我們的工作（以及私人）關係大致可分成兩個層次：感性的和理性的。例如，一個平常與你友好的同事，走過你身邊時對你視而不見。你的第一個反應是感性的，心想：「喬在生我的氣嗎？」或是「他這次升了級，是不是因此看不起我了？」於是你先開口打招呼：「嗨，喬，你怎麼啦？不跟我說話啦？」喬轉過身來向你微笑，伸出手來：「麥克！對不起，我想事情想得太專心了，沒看見你就在身邊。你好嗎？」他這麼一說，你便明白他不是不理你，也就不再把這事放在心上了。

你的第一個反應是感性的，你感到受傷，因此做出防禦性的姿勢。一旦得到口頭說明，內心理性的部分又把事情看清楚了。

但如果事情的發展與上面的情況不同。假設喬走過你身邊，對你視而不見。你認爲他故意輕視你，因此也沒有叫住他。但等到下次見面時，你也表現出一副冷淡的樣子。他爲了不願與你正面衝突，便設法避你，結果這反而加深了你最初的猜疑。於是你們兩人之間的關係日趨緊張。最後，當喬有權推薦一個人擔任新職務時，他推薦了別人。你因而怒氣沖天，你們的友誼從此破裂，將來也不可能再合作了。

情緒常會阻礙合作的機會。當然，情緒也最能測量出人際關係的變化。你應隨時配

合上司、同事和部屬的心情，但對於情緒，尤其是強烈的情緒，你應與相關的人開誠布公地討論。我們應以邏輯推理和常識平息感性的反應。若能在職務方面多作溝通，合夥關係以及其他的工作關係會更鞏固，生產力會更高、更令人滿意。婚姻和其他的事業合作關係也是一樣。

當然，沒有一種關係是百分之百完美的。人類交互作用的本質就是不斷變遷。所謂成功的合作關係，就是要不斷地改善與所有共事者的關係。唯有採取主動，率先開口說話，才能讓溝通之途永遠暢通無阻。

我，我的

你知道英文中最常用的是哪一個字嗎？你可能已經猜到了——是人稱代名詞「我」（I, me）。「我」是在交談中最常出現的字，其次是「我的」（my, mine）。而在最常用的二十個字裡，卻不包括「你」（you）和「你的」（yours）。大家在談話時，總是「我」如何，「我」如何，卻沒有提到「你」。難怪牽涉到「你」和「我」的合作關係時，是那麼疏遠了。現在崇尚「自我」的思潮盛行，著名的心理學家阿德勒（Alfred Adler）就用本章開頭的那兩句話，說明了自我中心的人內心的空虛寂寞。

關心別人的人，才能給生活和工作場所帶來樂趣。在此，因果法則又起了效用。你

開始關心別人時，別人也會開始關心你，這是善有善報。只要你開始眞心關懷別人，很快會發現自己周圍盡是工作上的朋友。他們樂於與你合作，與你共事。

如何獲得熱誠合作？

朗妮推開環球航空公司售票處的旋轉門走進去。那天天氣悶熱，室外溫度高達攝氏三十五度。明亮的房間裡擠滿了旅客，朗妮和別人一樣排隊等候。站在她前面的那人身材略胖，不斷抽菸，似乎不耐久候。終於輪到他時，整個售票處都聽得到他的聲音。他趕時間，他大吼大叫，說一定要買到這一班飛機的票。他質疑票價爲什麼這麼貴？售票員說頭等艙已經客滿又是什麼意思？可憐的女售票員看來簡直想掐死他，又一副眼淚就要奪眶而出的樣子。

最後，那人終於蹣跚地走了。現在輪到朗妮。她要安排的行程比較複雜，中途要在好幾站停留，而且她又想找出最便宜的途徑。她知道這要花費售票員不少時間和精神。

朗妮在櫃檯前遲疑了一會兒。售票員還埋頭在收拾上一位顧客留下的一堆文件，沒有抬頭看朗妮，只是語氣僵硬地說：「什麼事？」

朗妮回答說：「妳看起來好像辛苦工作了一整天。」

售票員抬起頭來看著朗妮。因爲這是第一次有人眞正注意到她，把她當作人看，而

不是機器。「是啊，是很辛苦。人潮洶湧。現在是旅遊旺季，妳知道的。而且我患了感冒，人很不舒服，這裡的冷氣又冷得要死。」

朗妮很同情售票員，她說夏天患感冒眞不是滋味。「雖然如此，妳處理剛才的局面相當得體。剛才那個顧客特別難纏，可是妳應付他很有技巧，眞是了不起。」

這時售票員開心地笑了。「噢，他還不算太壞。我們總是努力把事情做好。有什麼事情需要我效勞的嗎？」

結果朗妮以最低廉的票價，安排好了她希望的行程，但她的收穫還不僅於此，她感到歡欣鼓舞：自己只付出一點點，便讓另一個人快樂一整天，世上再沒有比這更美妙的感覺了。

那位售票員也覺得自己的辛苦沒有白費，有顧客讚賞她的工作表現。她的感冒忽然間好像減輕了，擁擠的人群也比較可以忍受了。總之，這會是愉快的一天，她也感受到了愉悅之情。這就是大家都是贏家的實例：我幫你獲勝，我也就勝利了。

如何得到別人的熱誠合作？很簡單——己所欲，施於人，你的收穫永遠與付出成正比。例如：

- 重視別人，向他表示你在意他的感受。
- 讓對方覺得自己重要，尊重他的特質。

● 說些好聽的話，讓對方與你相處感到輕鬆自在。
● 傾聽，全神注意聽對方談話。
● 設身處地爲別人著想，設法了解他的處境和觀點。
● 樂於付出，你會發現得到的比付出的多。

即知即行

1. 遵奉下述箴言：「我一生當中得到多少回報，全看我日常與人交往時提供多少服務和貢獻。」
2. 即使自己得不到什麼直接利益，也沒有義務在身，還是要貢獻自己的心力做事或助人。
3. 建立積極的自尊態度。把你重視自己的感受傳達給別人。在談話中激勵自己，也激勵他人。
4. 對人生寄予厚望。把別人的利益放在自己的利益之上，並相信對方也會如此做。「期待善意」的心情具有強大的感染力，如果你誠心期待與人合作，你幾乎總是能夠獲致成功的合作關係。

信奉下面「合作」的定義，可以獲得與人共事的樂趣：

合作是由兩個字組成的——我們。

第23天

談判藝術

The only way to negotiate anything
is to give one thing in return for another.

—— *Denis Waitley*

磋商任何事，唯一的成功之道
便是付出代價，以取得回報。

——魏特利

為什麼有這麼多人畏懼談判？原因之一是他們實在不知如何談判。專家說，談判是一種藝術。然而，談判的藝術並非國際外交家的專利，要想談判順利，也不一定要堅如磐石。

其實，技巧高明的談判代表，不論他是商人、律師或心理協商專家都一致認為，談判成功的基礎在於能夠清楚了解對方需求，以及明確表達己方要求。

談判是與另外一個人談論、溝通、互相影響，以期達成協議的方法。

談判的藝術不僅是一種有待學習的技巧，也是一種應該採取的態度。談判得當，獲得有關各方都滿意的結果，是工作樂趣的一部分。

恫嚇、欺凌達不到談判目的，不管是口頭的恫嚇或體力的欺凌皆然。威嚇脅迫不能致勝，這與一般人的想法相反。施壓用強只會激怒對方起而自衛。

成功的談判必定基於溝通與合作的原則。首先要讓對方與你交談，其次，要對方與你共同努力。換言之，談判是一種溫和的藝術，旨在讓對方相信，只要他協助你達成你的目標，你便可以協助他達成他的目標。

從對方的角度看事

如果你先行了解對方的觀點，談判成功的機會便大為增加。嘗試從他的角度看問

題，讓他知道你重視他的看法。你將可輕易贏得他的支持。

談判之前，先預測對方可能提出的論點。他對於你、你的工作和你的要求會表示怎樣的意見？在腦中預演談判情形，由自己代表雙方進行討論。請聽林肯的雋言：

當我準備說服別人時，我會以三分之一的時間為我自己設想，考慮我該說的話；另以三分之二的時間為他設想，揣摹他會說的話。

如果你必須表示反對或提出批評，也應該具有建設性，切勿欺壓或恐嚇對方，因為你這樣做，會使他很不甘願接受你的觀點。

在實際談判中，如果你感到自己的情緒趨於妥協，且稍待片刻。在開口說話之前，再把對方的論點審思一番，以言語表達你了解他的立場。他若聽到你的話語之中，反映了他的內心感受，單是這點便能促使他轉而接納你的觀點。

在任何一種談判情況下，都要機智圓滑，講求策略。侮辱與對抗，只會使你企圖說服的人對你疏遠。

談判成功祕訣

要讓別人照你的意思行事，只有一個辦法：給對方他想要的東西，作爲回報。「一報還一報」是生命的定則，羅馬人幾千年前就知道這一點。

當然，你可以用槍指著別人，迫使他就範。你可以威脅員工，如不照你的話做，便要予以開除。你可以怒吼、咆哮，以恐嚇同事聽命於你。但是你所施的脅迫一旦除去，對方會立即反擊。

磋商任何事，唯一的成功之道便是付出代價，取得回報。所以，看看你能付出什麼？金錢常可作爲誘因，新職銜或額外津貼亦然。但有時你無法給予對方這些，而有時對方也並不需要這些。

任何人都渴求、也最需要的是受人賞識、地位重要的感覺。這又回到了第一天我們所說的第一把鑰匙：「我是最值得重視的人。」你對別人表示重視，可以影響他，使他傾向於你。對方一旦自尊心得到滿足，會樂於迎合你的心意。

三角原則

與人磋商談判之時，有幾個簡單易懂的原則，可以實際應用。

第一個原則稱之爲談判成功的三角原則。先在心中想像一個三角形，你的位置是其中一角，你的上司、客戶、同事或其他談判對象在另外一角；而你們談判的主題如加薪、升遷、工作量等居第三角。

第二個原則可能也是最重要的，即三角形的每個角地位均等，三方面都須獲勝，沒有一方是輸家。每一個人都要感到滿意，覺得自己有所收穫。如果有一方感到被人占了便宜，交涉就不算成功。有因必有果，將來終會引發許多問題。但如談判結果皆大歡喜，前途便平坦光明了。

你必須專注傾聽對方所言，談判才算開始。不要暗自思量別人說完之後你要說什麼，而應儘量設身處地，了解對方的需求及其原因。你也必須淸楚了解自己何所求，以及可以接受何種方式的妥協。

不可自欺欺人。除非參與談判的每一個人都充分了解問題的各個層面，否則不可能達成圓滿的協議。

談判策略六則

1. **不要偏離主題**。如果你交涉的目的是爭取升遷，那就不要同時要求加薪。如果你召開會議的目的是引進新的作業程序，那就不要在同一次會議中要求員工加班。交涉的

主題太繁雜，最重要的目標反而不明顯了，同時彼此的溝通也較爲困難。對方不容易充分領會你的意思，你也可能乾脆全盤拒絕。

2. **如果必須在一次晤談中磋商好幾個要點，應先在腦中明晰勾勒出每一個主題**（當然寫出來更好）。以條理分明的方式逐一討論，每一項都要談到雙方皆表滿意，或雙方同意此項下次再談時，才續談下一項。

3. **切勿傷害對方的自尊**。譏諷、侮辱和威嚇都只能收到反效果。談判必須以雙贏爲目標，如果對方感覺顏面有損，協議雖成也難持久。

4. **對方如意圖藐視你，要設法避開**。談話漸趨激烈而偏離主題時，要保持冷靜，技巧地把說話內容轉回主題上。必要時，要求暫停討論，改日再談。請記住，你同樣有權爭取令人滿意的談判結果。

5. **要準備有所讓步**。談判是一種有取有予的遊戲。你應事先決定在哪些方面可以讓步，以及讓步到何種程度，再按其重要性條列下來。知道自己有可以付出的條件，在談判時爲自己爭取利益，才會更有彈性。

6. **對自己絕對重要的事物，在任何情況下都不要犧牲**。在進行任何一種談判時，都要有最後一道防線，逾此即不能再談。要徹底弄清自己的最後防線何在，不要像那貞潔自守的準新娘，爲了順利成婚，不敢詢問未婚夫是否一向對她忠誠。結果她雖結了婚，

卻變得善妒、神經質，而她的夫婿也覺得受到束縛，婚姻於是觸礁。對於你珍視的事物，不要作爲談判的籌碼。寧可退出談判，也不要放棄原則。

即知即行

1. 不要只聽你願意聽的，而應聽取全部事實。請記住，你所想的僅是你一己之見，是根據有限來源而產生的印象。參與任何談判，務必廣開視聽，察納雅言。
2. 磋商解決問題之道時，要就事論事，以解決問題為目標。不要只專注毛病出在哪裡，也應細思下一步該怎麼做，以集合衆人之力謀求解決。
3. 看清問題的正反兩面，而推動其積極的一面。
4. 贏得爭議是不可能的，只有達成協議才算是贏。

謹記這句給談判者的座右銘：

你贏，我也就贏了。

第*24*天

以己為榮

Most successful people believe in their own worth,

even when they have nothing but a dream to hold on to.

—— *Denis Waitley*

大多數功成名就的人，

即使在除了一份夢想之外一無所有的時候，

仍然相信自己絕非池中之物。

——魏特利

如果有人問，人究竟應該自豪或是謙卑，大部分人會回答：「自豪是罪過，謙卑比較好。」我們於是謙抑地說：「我只不過是一個小職員」、「我只是一個平庸的人」或是「我勉強及格而已」。

謙卑的後果是什麼呢？往往是安於平庸，不求進取。你認爲自己不過爾爾，絕不會擔當重責大任，絕不會發財，絕不會喜歡自己的職務。藉此你已把自己推入一無所成的深淵，將自己塑造成平庸的人。

這絕非謙卑的本意。謙卑並不表示要你浪費生命，或辜負天賦的才能。謙卑的眞義是：無論做什麼事，都要認清尙有可以改進的餘地。謙卑的意義是要你明白山外有山，人外有人。當你體會到即使你一敗塗地，上帝仍然愛顧你、以你的成就爲榮時，你便會自然而然地謙卑起來了。

而這種表現正是自豪、以己爲榮的眞諦。自豪的人盡心盡力，力求表現，因爲上帝喜見你努力。此中蘊藏著一個獲得工作樂趣與成就的祕訣——不是對名利的追逐，而是對自己的工作感到驕傲。

自豪是自尊

自豪的人不自貶，不自疑，不忸怩害羞。

自豪不是指高估自己，也不是逞強、傲慢或自大。

自豪是自重、自信、自尊。自豪是個人尊嚴，是對圓滿達成任務感到心滿意足。

不快樂的人絕不以己爲榮。他們一再對自己說：「眞希望我是別人，做別的事，在別的地方。」

相反地，每天都能在生活和工作中發掘樂趣的人，對自己有強烈的價值感。他們總是告訴自己：「我喜歡自己，我眞的喜歡。以我的父母和出身背景而言，我眞高興成爲今日的我。我情願生活在此時此刻，而不願生活在歷史上的任何時代。」

散發出這種自信心的人，未必天生就有這種美妙的感覺，他們只是從生活中的體驗，學會喜歡自己罷了。正因爲他們喜歡自己，才能將這份樂趣分享衆人。

樂於作自己

情緒低落、處境不順遂的時候，所能享有的樂趣就是接納此刻的自己——一個有缺點、會改變、但不斷成長而且有價值的人。要了解、喜歡自己，認爲自己在某方面還不錯，並不見得是妄自尊大。你應對自己的成就感到自豪，更重要的是，要樂於作此時此刻獨一無二的你。你要了解，人類在體力和心智上雖不是生而平等，卻生而具有同等的權利去追尋快樂。我們都有權相信，自己值得領受生命中最美好的一切。大多數功成名

就的人，即使在除了夢想之外一無所有的時候，仍然相信自己絕非池中之物。適當的自豪是通往成就與幸福的大門，這份特質也許比其他的任何特質都重要。英文的「自豪」（pride）一字有五個字母，每個字母都有它代表的意義：

P：代表愉快（Pleasure）。不論這種快樂的心情是由於圓滿達成任務，或只是單純地喜愛自己，並且享受生命的喜悅，感覺自豪就會感覺愉快。

R：代表尊敬（Respect）。感覺自己是一個高尚正直、值得尊敬的人。這種感覺能引發適度而健康的自豪。

I：代表改善（Improvement）。要記住，沒有人是十全十美的，我們必須隨時努力改善自己。「自豪」不致發展成「傲慢」的態度，主要的原因就在這裡。

D：代表尊嚴（Dignity）。有尊嚴就表示在內心看重自己。這是深藏心中的自敬自重，不需要大聲喧嚷出來。

E：代表努力（Effort）。要對一件事情感到自豪，必須費些心力去做它。有價值的事物都不容易得到。再說，你不曾花費過心血的事物，也不值得你驕傲。自豪是對於自己努力的成果感到愉快。

即知即行

1. 不要向人誇耀你得意的事情。根本不要提它，讓你的行動說明一切。
2. 自豪與謙卑是一體的兩面。自豪是一定要盡其所能；謙卑是一定要了解自己還能做得更好。若能永遠盡力而為，同時不斷追求進步，你必會大展鴻圖。
3. 維持高度自尊，但也要發展自尊自重的條件。
4. 對於自己的所作所為都要感到驕傲，因為你的工作成效必定直接反映在你的身心狀況。恪盡職責，然後才能對自己的努力和成就感到自豪。

要維持適度的自豪，必須先了解：自豪是對自己投注的心力感到愉快。

第25天

信仰堅定

There is a definite reaction that occurs in the body
as a result of the thoughts of the mind.
What the human soul harbors,
the body manifests in some way.

—— *Denis Waitley*

心靈中的一個意念，
必然引發肉體上的一個反應。
心靈所至，肉體隨之。

——魏特利

有一種力量，是人人皆可擁有的，然而極少人在日常工作中有意識地加以利用。有了它，你的希望和夢想便大有實現的可能；沒有它，則會感到空虛、恐懼，生存也失去了意義。這種力量是什麼？就是信仰。

信仰是毫不置疑的信念；是充分的信賴和信心；是把握此時此刻多采多姿的生活。在大自然中處處可以發現信仰，我們的心靈之中也都有信仰存在。信仰是每一個人開啓成功和幸福之門的鑰匙。

有了信仰，任何事都可能做到。信仰是人類一切力量與勇氣的泉源，有信仰的人堅強，沒有信仰的人容易顚躓。信仰常存人心，只是有時候被相反的信念——懷疑和絕望——所取代罷了。

靈與肉

根據近十年來科學家對人腦功能所做的研究發現，信仰與科學是相輔相成的。雖然我們對頭腦和中樞神經系統的機能所知有限，卻已知道心靈與肉體之間牢不可分的關係。心靈中的一個意念，必然會引發肉體上的一個反應。心靈所至，肉體隨之。

你的意念若有信仰作爲後盾，深信不疑，你便能獲得勇氣和力量，在潛意識中準備好執行確切的計畫，以達到目標。

建立在信仰之上的意念，都能立即轉化成具體的行動。

信仰確實具有影響腦中化學成分的力量。當腦中有個意念，並且信心十足時，腦神經系統會立即產生作用，改變化學成分，以配合身體的行動，準備執行心靈的思維。

當代最善於激勵人心的學者皮爾博士（Norman Vincent Peale）曾說：

宗教信仰可以被視爲一種科學，因爲同樣的宗教教條總能引發相似的反應。遵照古人明訓篤信宗教，必能得到力量。

當我們禱告時，可以感覺到信仰和思想凝結而暴發精神的火花，傳達給心中信靠的神。神垂聽了禱詞，便在日常行爲中協助我們，增強我們的力量。有了信仰，我們更有勇氣生活和做事。

心理學家解釋這種現象爲：預言自己能夠達成願望。早川雪認爲，這種預言無所謂對不對，但是只要你相信，你就可能實現。前面已經談過自我談話和積極思想的重要。對於腦中所想的事情，有時候我們無法分辨何者爲事實、何者爲想像。這就是信仰和信念何以對享受工作樂趣如此重要的原因。

信仰是一種可以創造、可以重複，也可以實行的心靈狀態。對很多人來說，禱告是

對自己談話的首要方式。

幾條死胡同

沒有信仰，能讓人陷於絕望。可是仍有許多人畢生缺乏信仰，已經習慣對人生不抱希望了。他們意識到自己的一生似乎缺少什麼，生活沒有光輝，沒有意義，卻還以爲有了金錢、有了名望或有了刺激，一切便會改觀。

我們這時代的人可以說是得天獨厚，在物質方面豐饒舒適。我們習於安逸，一點痛苦都不願承受，認爲緊張可以在瞬間紓解，而成功是伸手可及的。

我們要求得到愛、幸福與滿足，可是在面臨挑戰和挫敗時，卻又不能堅持不懈。沒有堅定的信仰，絕望之感便乘虛而入，結果是逃避付出與犧牲，而這兩者對於與別人建立親密關係、或創造讓自己滿意的終生事業，卻都是不可或缺的。

性關係的開放便是一種逃避的方式。無數悲哀、徬徨的人冀望在床笫之間尋得持久的快樂，結果卻是走進意外懷孕、染患性病或空虛寂寞的死胡同。

另一種死胡同是**濫服麻醉藥**。人一旦使用了麻醉藥，便可不費吹灰之力，獲得立即的快感，但也從此失去了自尊。有的人吸食大麻，有的人注射嗎啡，企圖走捷徑獲得滿足與自傲，最後卻成爲沮喪、倚賴和絕望的祭品。

酗酒也應歸入此類。許多人在週一宿醉未醒，或是在午餐時飲酒，結果整個下午昏昏沈沈。

耽迷於麻醉品的人，企圖逃避生命中一切不愉快的事件。

現在他們可聽到佳音了：只要有信仰，他們將可奮袂而起，生命完全改觀。

許多人在酒精、藥物和性行爲中追尋快感，主要原因是他們對自己毫無信心。於是他們在酒瓶之中或床笫之間尋求信心，這些都是行不通的死胡同。

要對自己有信心，首先要了解神永遠與你同在，常駐你心。信仰不假外求，你自己原本就有，你只須認清這份信仰即可。

天生我材必有用，「神的國就在你們心裡（〈路加福音〉第十七章第二十一節）。」這就是力量。讓內心充滿信仰與信心的意念。你要想想：「神對我有信心。」你便會振奮起來了。

神與你同在；神在幫助你；神在引領你。這是所有精神教義的基礎，也是激勵凡人的最有力意念。試著相信上述想法，在上班時間內反覆存想、默思、體會。它產生的信仰力量會令你瞠目結舌。

喜樂與成功的根源

有些人企圖局限神的地位，說祂僅屬於教會或信徒。更糟的是，有些人相信神會賞賜財富，認爲只要勤於禱告，神便會使你如願以償。

當今之世有一種擾亂人心的思潮，把幸福和滿足與世俗的權力和收穫併爲一談。其實，心靈中若充塞著金錢、政治、業績等俗念，是感受不到工作樂趣的。

「人非孤島」，若是僅爲自己而生存、工作，那必是索然無味的。如果在生命中有更遠大的目標，有超乎自我的重責大任，你的成就就會大得多。不論你是賢妻良母、優秀的電腦程式設計員或巨賈大亨，若多少可以感覺到自己的目標與神的目標大致符合，必能充分享受工作和勞心勞力的成果。

對於物質的報償，我們必須抱持正確的觀念。工作的目的不是要你成爲房屋、汽車、財產等的奴隸，身外之物不是我們在世爲人追求的目標。人人都可以發揮最大的潛能，而克服難關所帶來的是難以言傳的樂趣。相信你自己、你的工作和你的同僚，你終會得到更完整的幸福。

人人皆須認清自己與造物主的血肉相連，並力求不負造物所望。

即知即行

1. 如果你漸感沮喪，責任過於沈重，試著這麼想：「順其自然，成事在天。」拋卻煩惱，讓神助你一臂之力。向神傾訴，告訴祂你的困擾。虛心而坦誠地傾訴，你會感到神的力量源源傳送給你。

2. 禱告是效果最強的自我談話方式。它確能影響腦中的化學成分，讓心靈充滿力量和勇氣，以實現你的夢想和目標。

3. 從良好表現中得到振奮與鼓舞。自有人類以來，還不曾有人從酒精或藥物中求得持久的滿足之感。真正的愉悅是從優異的工作表現、慷慨的行為和感恩的心情中得來。

4. 每週花一天時間來重建你的信仰、補充你的精神需求。養成參加宗教活動的習慣，讓自己暢快地傾訴、學習、分享。

享受工作樂趣，表示對神有堅定的信仰，因爲你是神所創造，你應對自己有信心：只要你相信，你就能做到。

第26天

把握方向

Great minds have purposes,

others have wishes.

—— *Washington Irving*

偉人心中有志向，

凡人心中只有願望。

——歐文

要享受工作樂趣，必須確知自己多多少少是在為一個目標而努力。若感覺自己的工作漫無目標、循環不已、空泛無謂，生產力會大為降低。所謂「戴著眼罩做事」是做不好事情的。

然而，並不是所有的職務都能讓工作者有明確的方向可遵循；有些老闆誤以為，讓員工矇在鼓裡可以提高生產力。我們也不得不承認，有些職務是毫無發展希望的，但這些都不重要。

重要的是你自己有目標，你感覺自己投注的心血和時間能讓你有所成就。

試想下述情形：擔任女侍工作，而立志要作演員的人，她不介意眼前工作的沈悶，因為她知道自己的目標何在。在醫院裡領取低薪，擔任「卑賤工作」的實習醫生，心中不忘他的目的是學習專長。只有為目標而堅苦奮鬥，才能得到眞正的快樂。

人與人之間眞正的差異在於有無志向。堅其心向，則可無往而不利。志向之有無不僅造成快樂與悲慘的天壤之別，也是生命本身的首要關鍵。

目標的重要性

沒有目標，工作會變成牢獄。人的精神一旦磨損到相當程度，他就成了機器或機器人，甚至只是大機器上的一個小齒輪。

沒有目標，一切的辛苦都得不到代價。整天忙忙碌碌卻什麼事也沒做好；承擔壓力但毫無成果；問題叢生而無從解決；認識的人很多但均無深交；有多種計畫在進行但成效不彰；希望儘速達到目的卻始終在原地打轉。

沒有目標，工作和生活都失去意義，所有的努力都屬徒勞。

目標是賦予生命動力的引擎。對某些人來說，工作的目的是賺錢養家，另有些人是爲了消磨時日，更有些人是爲了打倒別人、擴大權勢、爭取第一。

快樂的工作者則不然。他們工作的目的是：謀求個人成長、貢獻一己之力、表現創造力、參與發明新事物或解決難題，以及建立與別人同甘共苦的合作關係。這些目標看起來平淡無奇，但不平凡的人就是如此產生的。

展望生命全貌

人生戰場上的眞正贏家目標明確，眼光遠大，追尋的是生命的眞諦。他們把生命的各個層面融合爲一整體。爲了享受工作樂趣，不僅要剖析我們的生活，而且要從大處著眼，展望生命的全貌。

一位佚名的希臘人曾經爲「圓滿幸福」寫下最佳的定義：

在寬廣無限的人生舞台上，盡情施展才能，
而達到盡善盡美的境界時，那就是幸福。

所謂成就，則是逐漸實現值得自己努力的目標。當你「做對了事」；當你了解你做的是最適合的事；當你的所作所爲贏得別人的尊敬；當你的努力利己又利人時，幸福和成功似乎會攜手而至。

仔細思考愛因斯坦的這段話：

我們生在世上，處境奇特。人人都是短暫過客，不知所爲何來，可是有時又像是負有使命。

從日常生活的觀點而言，有一件事我們可以確知：人生在世，是爲了服務他人，尤其是我們親愛的人——只有在他們快樂安康時，我們才會感到幸福。其他無數不相識的人也是我們服務的對象，我們與他們的命運藉著一份同情心彼此相繫。我經常想到：我的物質與精神生活是多麼仰賴他人的心力啊！不論是古人或今人，都對我今日的生活有莫大的貢獻，因此我必須竭盡所能，以求回報。

人生的一大遺憾是幸福不能直接獲得。眞正的幸福是不斷追求目標途中的一個副產品。我們在追求其他事物時；在公而忘私、捨己爲人的生活方式中；在充分體驗生命的過程中；在發揮全副力量，以實現人生至高目標的過程中，喜悅之情自然萌發。

超越小我

工作的樂趣源自擁有一個值得努力的目標，以及拋開小我、放眼尋求生命的眞諦。胸懷志向的人所展現出的顯著特質之一是，他們總能贏得別人的敬愛。

前面說過，成功不是得意洋洋地踐踏在戰敗的敵人身上。如果你能伸出一隻強而有力的援手，幫助那些奮鬥求成、尋找目標、堅持不懈的人，你才算成功。激發別人的最大潛能，這才是超凡入聖的志節。

沒有目標的人生活層面狹隘，而且總是告訴自己：「我只關心自己，只關心眼前。」而人生道上的眞正領導者則希望兼善天下。他們會說：「我每一分每一秒都活得踏實，我盡我所能享受、關懷、做事、付出。」

除了工作和賺錢之外，人生還有其他意義。一心一意工作、賺錢的人，往往在中年時期會發生危機。這時他們或許已高居副總經理之職，並且生活富裕，但步入中年、事業有成的人卻常這樣吶喊：「我辛苦工作了這麼多年，究竟是爲了什麼？」

因此，要享受工作樂趣，必須先明白自己工作的目的。除了成功、財富，更重要的是幸福。

請細心領會你的生命意義何在，你到人世走一遭的目的何在。

能充分享受工作樂趣的人，必能與親人、朋友和鄰居和樂相處。他們熱愛自己的事業，但不會以事業爲唯一職志。他們關心業績、生產力和利潤，但也重視效率、公平和誠實。

最後，我們的志向還可超越人際關係，進而擴大到人與大自然的關係、人與天地的關係。跨出小我的門檻，去發掘外界廣闊無邊的天地萬象，可能正是這套享受工作樂趣心法最重要的一把鑰匙。在那精神的領域內，有足供我們馳騁翱翔的洞天福地。

即知即行

1. 問問自己：對於我的家庭、公司、行業、社區、國家、世界乃至天地神明，我打算有何作為？
2. 你的終生目標是什麼？你的人生宗旨為何？你朝什麼方向努力？你希望你的後代如何描述你這個人？

3. 每週內省一次，明心見性。一個人真正可貴的地方，在於清楚自己一生的真實目標。

人生的贏家明白，除了賺錢維生之外，還有更多值得努力的事。他們知道：把握方向，才有幸福。

第27天

善用財富

We have no more right to consume happiness without producing it, than to consume wealth without producing it.

—*George Bernard Shaw*

我們若未曾製造快樂，便無權享受快樂，
正如我們不曾製造財富，便無權享用財富。

—蕭伯納

如果你的生活方式愉快又發人深省；如果你的努力足以爲那些需要你指示和鼓勵的人立下好榜樣，那麼你眞是一個十分富有的人。

富有是一種生活的狀況，擁有錢財只是富有的一個層面。富有代表何種意義，其實端看你如何看待生命中可以擁有的各種豐富內涵。

有些人年薪在十萬美元以上，銀行存款多得驚人，但在精神上卻很貧乏，總是悶悶不樂。也有些人每月辛苦所得僅夠溫飽，但卻熱愛工作、熱愛家庭、熱愛生活。

養成了自責、嗜菸、酗酒、貪食、因循、懶惰、憂慮、沮喪、草率、不誠、尖刻、殘酷和麻木不仁等導致失敗的習慣，才是眞正的貧窮。

精神上的豐足比金錢的富裕、甚至身體的健康都來得重要。一切的富有都由精神而來，就連克服疾病和度過財務難關的耐力也不例外。個性堅毅的人永遠能交到朋友，贏得支持。這是走向成功、富有和幸福的康莊大道。

穆罕默德曾經說過：

人的眞正財富是他在世間所行的善事。

請記住，所謂財富不僅是指你所擁有的身外之物，也是指你的立身行事之道。

財富何罪？

許多人故意不努力工作以賺取財富，那是因爲我們這個社會普遍相信金錢俗惡，認爲貧是「清貧」，貧窮才能使我們在精神上保持清純。我們看到《聖經》上說「金錢是萬惡之源」，卻不知道這句話的原義應是「貪財是萬惡之源」。確實，當今世上的許多罪惡，都是奉金錢若神明的人所造成的。若世人皆以財富、權勢和個人利益爲人生主要目標，道德淪喪和經濟危機便會接踵而至，這不僅在個人方面是如此，對整個社會亦然。

那麼，致富是不是一種原罪呢？不然。如果金錢是我們勞心勞力的結果；如果我們的工作能造福他人；如果我們的財富是用以安養和保護我們所愛的人，那麼獲取金錢便是好事。

請聽皮爾博士對財富的說法：

只爲自己而活的人是失敗的。即使他發大財、居高位、掌重權，他仍是失敗的。爲他人而努力的人才是眞正的成功。奉獻自己的財富和地位以行善的富人固然成功，對別人提供服務、表達同情的貧者，雖然從未享受到物質的豐裕和外表的尊榮，卻更能得到眞正的成功和祝福。

金錢本身無所謂善惡。坐擁巨資未必是福，身無分文也未必是禍。當然，手頭寬裕總比捉襟見肘的日子好過得多。人類最好是日常所需不虞匱乏，還能有一些餘錢過比較舒適的生活，培養一點文化、禮儀和慈善之心。

極貧和極富都會對人類天性和社會造成不良影響。貧民衣食無著，更乏器物之便，他們本身已需要別人救濟，自然無力幫助別人。巨富的處境有時也未必就勝人一籌，他們有的故意棄家庭於不顧，無法享受天倫。遺世獨立的億萬富豪休斯（Howard Hughes）就是一個例子——他連飲食和適當的醫療都不願接受。有些富翁從不肯施捨分文去修廟宇、濟貧民。有些財主待朋友吝嗇，又瞧不起不及他們富有的人。

錢財只有在用來造福他人時，才是快樂的泉源。讓我們引述音樂劇「嗨，桃莉！」（*Hello, Dolly!*）中，那位睿智的媒婆桃莉（Dolly Levi）的台詞：

> 金錢有如肥料，如不遍地撒播，對誰也沒有好處。

有關金錢的務實觀念

年屆六十五歲以上的美國人，一百個人當中，只有三個人有儲蓄或退休金可以安老，其餘九十七人都須倚賴按月發放的社會救濟金過活。

美國勞工部發表了這個冷酷的事實，這是由於美國並非想像中的安樂土嗎？是由於通貨膨脹、物價上漲或經濟衰退嗎？還是由於石油漲價、國防經費提高或巨額逆差？社會經濟狀況確實影響了美國的財政，日子總是要比以往來得艱苦，但是除了環境變遷之外，個人的因素也同樣重要。

在美國，律師或醫師等高所得行業的人士，年屆六十五歲以後，一百個人當中只有五個人不必倚賴社會救濟金。你驚訝嗎？

這些人在年輕力壯時期的所得雖高，卻極少爲將來預作打算。多數人有錢就花，好像以爲自己永遠不會老。他們把金錢、時間、心思都耗費在「紓解緊張」的活動上。他們隨興所致，亂買東西，結果債台高築。

許多人希望命運之神賜給他們寶藏。他們期待有那麼一天，退休後可以住在一個不知名的奇妙寶島上。若問他們如何達成這個願望，他們會回答：「總有辦法的。」

似乎有愈來愈多的人花大把時間籌畫耶誕舞會或度假旅遊，卻很少考慮將來的生活。沒有計畫，就等於是存心讓自己晚年艱難。

有句老話說：「役使錢財者，富且逍遙；受役於錢財者，貧且堪憐。」

爲了節制用度，必須好好研究一下你的財務狀況。你可以試問自己下列問題：

- 你花錢的習慣如何？你說得出自己的錢是怎麼花的嗎？

- 你有儲蓄的習慣嗎？能否將每月薪資節存至少一○％？
- 明年有沒有重大的用錢計畫？你是否正存錢準備買新車、度假或投資？你每個月存下多少錢來實現這項計畫？
- 你目前的職銜是什麼？年收入多少？五年內會不會改變？
- 十年以後，你會擁有多少資產？二十年以後呢？

如果要爲來日生活未雨綢繆，以上是必須考慮的幾個首要問題。金錢確實買不到幸福，但是若能善用金錢，便可讓你富有又快樂。

即知即行

1. 建立健全的價值觀。既不能貪財、攢積，也不能揮霍無度，而應該拿賺來的錢作資產，以期達成自己的目標。
2. 任何年齡的人都要不斷求取新知，繼續接受教育。據研究，在大學念書的年長學生，表現要比一般年輕學生好上十分之一。把你的錢花在增進智識方面吧！
3. 不要期望將來靠政府養老。每個月存下一筆錢，以備退休後使用，這

才是你自己的最佳保障。

4. 你的家庭、健康和子女也是你的財富，它們都能讓你感到快樂。評估別人時，要多著重對方的才學品德，莫在意他的貧富貴賤。

5. 富有與否存乎一心。只要思想豐富而充實，便可獲得心靈的富有。

財富不僅是以鈔票的多寡計數，還要以才德的高下論斷。

使用金錢的智慧在於明瞭：

所謂財富不只是指你擁有的身外之物，也包括你的立身行事之道。

第*28*天

培養實力

Most powerful is he

who has himself in his own power.

——*Seneca*

能掌握自己的人力量最強大。

——塞尼卡

若不能領悟到心靈的力量，我們活著只如夢遊一般。最偉大的力量不是統御他人或掌握財富，而是控制頭腦的思考過程，這是一切力量的起源。可喜的是，這種力量只要努力，人人皆可享有。

大作家愛默生（Ralph Waldo Emerson）說過：「我們總不肯相信那深不可測的思想力量。」多用頭腦的人，不管他的身分與地位如何，總會得到最大的力量。

如何利用你的腦力？我們先看看「力量」是什麼。

- 力量是虛懷若谷，能夠擁納新觀念，不受先入爲主的觀念束縛。
- 力量是智慧。它既包含了正確的判斷，也結合知識與學問。
- 力量是精力。它是工作的動力，也是表達人類情感和實際行動的活力。
- 力量是責任。力量愈大，責任也就愈重。不負責任的力量，會導致腐敗和罪惡。力量與責任結合，則可產生優異的工作表現，並提升全人類的福祉。

簡言之，力量的定義不是強迫、操縱或統治他人，而是影響別人和主宰自身命運的能力、精力和體力。

一般人常以爲僅有少數人擁有力量，這少數人是工頭、老闆、執行副總、董事長等等。不幸的是，許多員工都感到自己在職務上相當無力。

但事實上，人人都有力量，因爲人人都有選擇的能力。我們有能力在多種途徑之中

作一選擇，也有自由依循所選的途徑走下去，確定人生的方向，這就是我們的力量。

明瞭自己有力量控制一生命運的人，通常在工作上都比較快樂。他們感到內心有一股力量，足以應付工作中的任何狀況。力量不能與「到處發號施令」混爲一談，它的行動表現是能夠接納、磋商、計畫、負責，最重要的是，能掌握自己的行爲。

知識就是力量

「知識就是力量」這句標語應該懸掛在每一間辦公室、每一座工廠，以及每一個展售中心內。我們都聽過這句話，也都了解它絲毫不假。

可是，爲什麼那麼少人奉它爲圭臬，並且付諸實行呢？爲什麼那麼多人在高中或大學畢業後就放棄繼續求學的機會呢？爲什麼購閱非小說書籍的人總是那麼少呢？

原因之一是**缺乏自尊**。很多人認爲，自己只是在浪費時間和心血去學習新知識、研究新題材。他們想：「我在學校裡成績一向不好」、「我沒有學術頭腦」、「我認爲書本和現實根本是兩回事」。

最後一句話點出了第二個原因。許多人**認爲書本上的知識在企業界無法實際應用**。他們大錯特錯了！舉例來說，在電腦和文字處理機成爲新生產工具的今天，知道如何操作這些新科技產品的人，便是有力量的人。那些以爲從學校畢業就算結束教育的人，多

半只能拿低薪、擔任自己不滿意的職務。今天的社會已由工業時代進入資訊時代，掌握知識和資訊是爭取機會和晉升的關鍵。

多數人不肯學習的第三個原因是**懶惰**。這些人希望工作愈少愈好，只求得過且過，閱讀、學習、研究實在太辛苦了。經過一天的工作早已心力俱疲，讓頭腦放鬆休息固然是舒服得多，但是，這些人只要把浪費在電視機前面的時間抽出一半來看書，所獲得的知識和力量將是難以衡量的。

不快樂的工作者總以爲世人都企圖壓制他們；快樂的工作者卻能牢牢掌握工作環境，對自己的命運有相當程度的控制能力，那是因爲他們不斷在運用知識的力量。

不論你是業務員、生意人、教師、家庭主婦、勞工或高級主管，接受教育對你絕對有益。虛心學習，力求改進，知識自然會有所增長。有人說過：「任何一種知識皆能產生力量。」

我們認爲這是指實用的知識而言。象牙塔中的學問只是自大的學者空泛的研習，知識的追求卻必然有其目的，例如改善生活、加強服務、造福家庭與社會等等。這種力量可藉磨練而得，並用以完成無數工作。

語言文字的威力

小說家歐威爾（George Orwell）有一部反對集權主義的經典之作《一九八四》（*Nineteen Eighty-Four*）。他在書中稱語文為「煽惑工具」。小說中的「老大」（Big Brother，即獨裁者）計畫有系統地減少一般人可使用的字彙。因為他相信，字彙愈少，理念愈少；愈不思考，人民的力量愈小。

可怕的是，歐威爾的想像已逐漸成為事實，但不是由於政府的獨裁。語言專家估計，美國人所使用的字彙，平均每年減少一%。英文字彙多達四十五萬多個，而一般人日常談話中，有八成以上的內容僅包含四百個不同的字彙（而且其中最常用的字就是「我」和「我的」）。

以語文表達思想的能力，也是成功的工作者不同於其他人的地方。不論從事何種行業，詞彙豐富的人總是最能達成目標，這是管理專家和人力資源專家研究的結論。語文的力量廣大無限，用字遣詞如能經過妥善的選擇與仔細的考慮，常能幫助人談成買賣、議定加薪，並增進同仁情誼。知識就是力量，而擁有豐富的語文知識，是開啓力量之門的鑰匙。

權力的眞諦

運用權力，不論是一己之權或上司之權，都可能破壞同事情誼。有些人喜歡弄權。一旦掌權，他們就變得專制、獨裁、傲慢，以爲自己可以任意輕侮、貶損別人，並且逐漸相信自己是無可匹敵、永遠不出錯的。

英國貴族艾克頓爵士（Lord Acton）曾寫道：「權力使人腐化，絕對的權力造成徹底的腐化。」陶醉於權力的人不但會戕害屬下的心靈，同時也會嚴重地破壞公司的財務與市場地位。不用說，世界領袖如握有絕對權力，終會形成獨裁，導致戰爭。

拿破崙說得好：

世界上只有兩種力量，一是武力，一是智力。長期而言，武力終不敵智力。

我們都知道，權力一詞常給人一種俗惡之感，然而事實上，權力和金錢一樣，本身是無善惡可言的。我們可以用權力來行惡，也可以用它來行善。正直之士掌握了權力，就會用它來幫助別人、製造工作機會、建立工商企業。

人類應該爲自己具備達成目標的能力而感到驕傲，應利用個人力量去學習、成長並

追求卓越。這樣才是使用力量的正確方式。

如果把力量用來與人作對，或是在擁有了力量之後就自大起來，以爲自己是天之驕子，有權控制他人，問題便發生了。集大權於一身的人總是認爲：「法規是爲別人而設的，不是爲我而設的，我儘可以爲所欲爲。」

如要體會權力帶來的樂趣，首先要明白：「不論我如何飛黃騰達，腰纏萬貫，我還是我，價值不變，親朋故友仍舊是親朋故友，情分永在。」能正確運用權力的人，不論從事哪種行業，都比較容易獲得滿足。

權力的眞義在於創造互惠互利的局面。能夠做到這一點，便具備了達成目標所需的主要力量。

還要記住，權力與責任是一體的兩面。人人都必須爲他運用權力的方式與結果負責。以負責任的方式運用權力，權力便成了行善的力量。

即知即行

1. 要能妥善運用自己的力量，基本上要先明白，不論處於何種情況，你

的情緒和反應是由自己控制。永遠要記住，人生遭遇什麼並不重要，重要的是如何面對、如何處理這些遭遇。

2. 語文的力量強大。如果你聽不懂別人所說的話、看不懂別人所寫的文字，或是無法正確而明晰地表達你的感覺，你會感到在別人面前毫無力量。把字典當作你最常用的書吧！每天學一個生字，遇到不認識的字就查字典，每天正確無誤地讀一頁字典。字典是坊間「最有影響力」的書籍。

3. 知識就是力量。盡力去了解你所屬的公司以及公司的業務內容。不妨投注時間和金錢以求取新知，修習有關本行的課程，或研讀有關的書籍。也可以到附近的大學去旁聽一門課，為你的終生事業開創新局。

眞正的力量不是武力，智力才是最強大的力量。

第29天

增長智慧

The habit of looking on the best side of every event is worth more than a thousand pounds a year.

—— *Dr. Samuel Johnson*

養成凡事往好處看的習慣，
比一年賺一千鎊還有價值。

——詹遜

智慧是：

- 判斷正確。
- 接受新知。
- 處事明快。
- 汲取經驗。
- 善用知識。

沒有人生來就具有智慧。舉例而言，兒童鮮爲智者——除非我們認爲早熟就是智慧。其實，智慧是一種隨年歲增長的特質。智慧不能遺傳，但是可以學習、培養和磨練。希臘哲學家兼數學家畢達哥拉斯（Pythagoras）在兩千六百年前就這樣寫道：「融會貫通的智慧是永遠不會被遺忘的。」

那麼，智慧究竟是什麼呢？概括言之，就是接受新知識，融合舊經驗。

僅僅儲存大量的知識不能算是智慧。例如，有些人知道很多很多的瑣碎小事，但那與智慧無關。學者們埋頭苦讀，畢生鑽研自己專長的學問，但一碰上實際事務，卻往往顯得愚昧無知。

綜合事實、感覺與天性，根據經驗與成熟的人格作出合理的判斷，這種實際的能力就是智慧。能設法結合過去的經驗與目前的狀況，而創造出美好的未來，這種人在工作

領域上堪稱最爲成功。

這就是智慧產生的作用。

透視全局

智慧的一個要件是能透視全局。看出自己在整個大局中所居的地位，便會覺得一切的努力都值得，而對眼前的工作感到滿意。

在第二次世界大戰期間，美國工人製造了數以千計的降落傘。對工人而言，這份工作沈悶乏味，他們每天坐在縫紉機前埋頭工作八到十小時，車縫那似乎永遠車不完的白色帆布，而且車出來的是不成款式的一堆布料。但是每天早晨，工廠主管都提醒他們，每一堆布料都是救生行動中的一環。主管要求他們在縫製時要想到，這堆布料可能會是他們的丈夫、兄弟或兒子要用的降落傘。

工作雖辛苦，時間雖長久，這些工人卻了解他們對整個國家和民族的貢獻。

同樣的觀念可在任何時間適用於任何行業。管理檔案的職員可以看出，每一份檔案都代表著一個擁有抱負和夢的人；汽車裝配線上的工人會知道，每一輛車都要載運一家人安全行駛；銀行行員也能了解，每一位顧客都是和他／她本人一樣，一面工作一面儲蓄，以期達成人生目標與事業成就。

透視全局，看出自己在這個世界和宇宙中所處的位置，你便開始有了智慧。

知福惜福的智慧

有人說過，只要肯努力、有決心，想要如願以償並不困難。困難的是，一旦得償所願之後，還能保持本色，怡然自得。

有些高級主管擁有單獨的辦公室，窗外是壯麗的都市景觀，卻從不抬頭一望。有些功成名就的企業家在郊區擁有美輪美奐的住宅，但回家只是吃飯和睡覺。有些薄有資產的薪水階級，分期付款買了大型轎車和嶄新家具，卻始終不能滿意，因為別人家剛剛買了更好的東西。

你可認識這類的人？當然你認識。世上有很多人在每晚臨睡前細數自己的煩惱，早晨上班途中又把牢騷重複一遍。

不過，真正有智慧的人卻會把自己的福分牢記在心。首先不能忘記的最大福分是——活著，而且健康硬朗，能夠工作。你應該慶幸自己有一份工作，或正在接受訓練以備工作之用。如果你在找工作，應該慶幸自己有一雙腿，承載著你四出謀職。你應該慶幸自己能按月領到薪水，用以養家活口，還能儲蓄一部分供來日享用。你應該感謝有人和你一同工作，因為友誼是人生最大的福分之一。

你還可以依個別情況列舉出自己所有的其他福分，例如，你聘雇的員工相當得力；上司對你不吝指導；在職務上遭遇的難題使你更爲幹練；顧客上門使你有生意好做；或是你的貢獻使得世界更美好等等。

即使在艱苦的環境中，你也要往光明的一面看，如此才能享受工作樂趣。湯姆是一家公司緊急服務部門的無線電調度員。不幸的是，這是一份輪班的工作，每週工作時間不同，有時是上午八時到下午四時，有時是下午四時到午夜十二時，有時又是午夜十二時至上午八時。他的生理時鐘永遠無法固定，根本不可能維持規律的生活方式。湯姆抱怨無度嗎？恰好相反。他感謝這種特殊的上班時間，讓他在輪值夜班的那一週，白天可以待在家裡照顧他襁褓中的兒子。他的妻子也在上班，對湯姆的彈性作息也感慶幸，因爲夫妻兩人幾乎總有一人在家，所以不需要花錢請保姆看孩子，而可以省下錢來作孩子的教育費用。

兩百年前英國名作家詹遜（Samuel Johnson）便說過：

養成凡事往好處看的習慣，比一年賺一千鎊還有價值。

知福惜福，拋開煩憂，工作的樂趣由此而生。眞正的智慧在於體認日常生活中每一

個可貴的時刻，好好珍惜，並爲此心存感謝。

美滿人生

智者在終生辛勞、即將退休的晚年，回顧平生時會這麼想：「這種歷程中，每一天我都過得充實快樂。」不快樂的工作者卻是滿腹牢騷：「我一輩子做牛做馬，現在老了，卻沒有精力享受辛苦的成果了。」

辛勤工作，但也不忘享受生活，這才是工作樂趣的眞諦。敞開心懷，接納並且享受生命的每一個層面，智慧就是這樣發展出來的。

請塡一塡下列問卷，檢討一下你的生活態度：

1. 你與家人共處的時間夠多、夠充實嗎？你們是否樂於付出、彼此分享、相親相愛？ □是 □否 □偶爾
2. 你積極參與社區活動，並與鄰居、朋友交往？ □是 □否 □偶爾
3. 你是否每天撥出一點時間獨處，沈思冥想，重振士氣？ □是 □否 □偶爾
4. 你藉均衡的營養和適度的運動保持身體健康嗎？ □是 □否 □偶爾
5. 對於賴以維生的工作，你感到樂在其中嗎？ □是 □否 □偶爾

6. 你是否不斷加強與自己職業有關的技術和知識？ □是 □否 □偶爾

7. 你有沒有排定適當可行的支出與儲蓄計畫？ □是 □否 □偶爾

8. 你定期參加宗教活動嗎？ □是 □否 □偶爾

9. 對於大自然的厚賜、四季的變化、原野和森林的美景、正午的炙陽和子夜的星光，你是否常存珍惜感謝之心？ □是 □否 □偶爾

10. 你感覺生活愉快，對自己的身分地位覺得怡然自得嗎？ □是 □否 □偶爾

檢查一下你的答案。我們不能說答了「是」便必然擁有智慧，但相信你可以由此看出，努力工作、適度休閒並且知福惜福，才能創造美滿的人生。

下面這段雋言可作結語：

> 生活的每一天都像在登山，偶爾仰望山巔，心知那是目的地，但是在登高的途中，也應從各個不同的角度，欣賞沿路的美景。慢慢攀爬，步履要穩健，享受旅程中的每一刻；最後從山頂俯望壯麗的景色，將成爲這段旅程的最高潮。
>
> ——麥契爾特（Harold V. Melchert）

即知即行

1. 每天不要忘記欣賞大自然的奇妙與美麗。利用休息時間走到窗口或門口往外觀看。中午若有一小時用餐時間，在辦公桌上解決午餐，然後以餘下的半小時或四十五分鐘外出散步。
2. 透視全局。不論你認為自己的工作多麼重要或多麼微不足道，它都是遠大人生全景的一部分。不要畫地自限、妄自菲薄。養成高瞻遠矚的人生態度，透視自己和自己的努力在長遠全局中的地位。
3. 每天想想自己所擁有的福分。在遭遇困厄時尤其要知福惜福。認清自己的豐足有餘，你會更有力氣奮勇向前。
4. 請記住，美滿的人生是由社交生活、精神生活、身體健康、家人關愛、妥善理財以及事業上的滿足組合而成的。

喜悅之情起於對人生前景的信心。工作雖重，也不以爲苦。

你會逐漸領悟到：善用知識就是智慧。

第30天

追求成就

The man who will use his skill and constructive imagination
to see how much he can give for a dollar,
instead of how little he can give for a dollar,
is bound to succeed.

——*Henry Ford*

肯全力發揮自己的技能和想像力。
並盡最大的心力去工作。
而非能少做就少做的人，必然成功。

——亨利・福特

有人說，當代最嚴重的錯誤，就是把物質當作衡量成功的唯一標準。

談到成功，我們往往會想到兩個問題：

- 別人認為我成功嗎？
- 我認為自己成功嗎？

成功的定義，本來就是因人而異，不一而足，但是爲了符合一般人的觀念，我們常將成功的定義局限在非常狹隘的範圍內。我們花費許多心思和金錢，來炫耀自己的成功或製造成功的假象——買大車、住新房、穿皮裘，參加豪華俱樂部等。不過仔細想一想，這一切又有什麼意義呢？

我們爲什麼要如此費力地向別人證明一些事情？何不反過來向自己證明呢？要獲得內心的成功感覺很不容易，你必須先找出自己一生追求的目標究竟是什麼。

十九世紀的小說家喬治桑（George Sand）舉出享受成功的五個必要因素：

- 品味單純。
- 具備勇氣。
- 公而忘私。
- 熱愛工作。
- 心安理得。

第五個因素「心安理得」，尤其是享受成功絕對必備的因素。有一位富有、成功而且快樂的房地產經銷商曾經這麼說：「我這輩子本來可以多賺很多錢，可是我寧願不去賺，爲的是晚上睡覺可以睡得安穩些。」

最理想的是外在的成就與內心的安寧兼得，但所有的成功都必須由內擴及於外。

在誠實地工作了一天之後睡個安穩的覺，是人生一大樂事。在自己的床上睡不好覺的人，往往會成爲精神科醫生的病人，而無福享受自己辛苦賺來的大把鈔票。有些人看起來豐衣足食，卻到處求神拜佛，甚至崇信邪教，目的只在尋找一些人生樂趣。有些人則似乎享盡了人生的榮華富貴，但內心卻空虛無比。

你有成功的條件嗎？

在內心深處，你可能認爲自己沒有成功的條件。你會說：「我這一生搞砸許多事情」、「我父親說過我永遠成不了大器」、「我母親總是責備我這不是那不對」、「我太太說我不會掙錢」、或是「我哪有資格談成功」。

你看看別人，也許覺得他們比較聰明、年輕，或者比較年長、有經驗、比較勤奮、機伶或相貌勝人一等。你也許認爲他們比你有資格談成功。

成功不是一塊餅，分量有限，只能讓少數人享用。你能不能成功，和別人的成敗毫

無關係。

你的成功與否，也不能由別人的評論或成就來判斷。我們都喜歡和別人比較，但那些能夠享受人生幸福的人卻知道，競爭的目的不是要打倒別人，與別人一爭高下。

已故名演員亨利・方達（Henry Fonda）曾說，純種駿馬在比賽時，從不左顧右盼，牠只是集中精神，以最快的速度奔馳。

我們在奔赴成功的途中，也必須克制自己，不要左顧右盼，也不要去計算自己和別人的差距。唯一重要的是，如何將自己的潛能發揮得淋漓盡致。

成功不會從天而降，也不是唾手可得。沒有人天生就能擁有幸福快樂、好工作和大筆錢。成功是要去賺取來的，賺取成功的唯一途徑，就是利用你所擁有的才能、技術和聰明才智，將它們結合起來，發揮到極致。

你有資格成功嗎？當然有。求取成功是你對自己的責任。

成功與滿足

喜悅與努力之間有直接關聯。成功的喜悅與付出的努力成正比。

個人的滿足感是成功的首要因素。成功的因素因人而異，對一些人而言，可能是做成一筆生意；對另外一些人而言，則可能是繪成一幅畫。但這兩種人在做成生意或完成

繪畫時，內心如果沒有滿足感，都不能算是成功。

成功必須要能享受，成功是工作樂趣的極致。

但成功不是恆久不變的。拿破崙說過：「最危險的時刻，便是勝利的一刻。」就在此時，當表面的成功似乎已在握時，我們往往不再去追求眞正的成功，反而開始變得過於自信，難以忍受新的困難。我們以爲成功一旦到手，便應永駐不去。

可歎的是，我們大都分不清什麼是個人內在的成功與滿足、什麼是表面虛浮的成功。只有內心的滿足，才能帶來眞正的幸福。

成功必須靠不斷的更新來維持。

那麼成功究竟是什麼呢？而讓成功永駐，並使我們永浴滿足與喜悅之情的祕訣又在哪裡？我們即使知道什麼是表面的成功，但是內心眞正的成功又有哪些特徵呢？

成功與下列的特質結合時，便能帶給我們滿心喜悅：

- 透視能力——了解並接受自己在世界及宇宙中所處的地位。
- 自我尊重——本書一開始便談到尊重自己，在收尾之時也必須再強調這一點。
- 自我認知——透過別人的眼睛看自己，並喜歡自己。
- 聰明智慧——細心學習過去的經驗、籌思未來的計畫，並充分享受現在的時光。
- 家庭溫暖——愛與被愛，是一個人所能期望的最大成功。

●信仰虔誠——信仰的力量大於一個人本身具有的力量，對造物主常懷感恩之心的人，終能享受成功的喜悅。

●互惠態度——「如果我幫助你獲勝，那麼我也就勝利了。」眞正的成功者是在協助別人創造財富時，自己也獲得了財富。

●崇尚自然——每天欣賞這個世界的奇觀與美景。

●身體健康——如果沒有健康的身體，再多的權力、金錢和成功也無法享受。眞正的成功者愛護他自己的身體，把它當作是上天的賞賜。

●心情喜悅——隨時保持精神抖擻，在這個多彩繽紛的時代，盡情歡笑、與人同甘共苦、努力工作並全力付出。

成功無限

人生在世上，是爲了追求成功。你不必因自己的成功而對別人感到抱歉，因爲你有義務充分發揮自己的能力以求成功，這是一項神聖的使命。

財富，只要賺得光明、花得正常，當然是好的。只有貪財才會導致罪惡和不幸。

你不必在現世受苦，以換取來生的幸福。我們在有生之年，應該儘量體會生命的悸動與昂揚，將來在九泉之下亦無可憾。

人人都有成功的條件，有資格享受生活與工作的樂趣。要做到這一點，你必須作自己的主宰，不要讓別人牽著你的鼻子走。力求卓越，不要安於平庸。你的成敗由自己全權負責，不要阻礙自己成功的機會。

你有資格成功，因爲只要你不逃避、不退縮、把能力發揮到極致，你就能成功。主動地把你的才能貢獻給世界，不要坐待世界來遷就你。現在就採取行動，不要以爲明天開始比較好，也不要介意初步的成果可能會不理想。

好好利用上天賦予你的種種能力。發揮全部的愛心、精力和才華，並且與你遇見的所有人共享，因爲你擁有的一切是取之不盡、用之不竭的。你的潛能遠超過你的想像，唯一的限制是你給自己設定的限制。

即知即行

1. 在工作中的每一時刻，都要懷著感恩之心。開始感覺工作枯燥乏味時，找出它的根本原因。同時對你的雙手、雙腳和頭腦要心存感激，因為它們如此有效地發揮功能。也別忘了運用想像力、想像你達成目標的情景。

2. 付諸行動。成功不會降臨到光說不練的人身上。內在與外在的成功都

必然是自制、負責、充分準備和積極進取的結果。

3. 策勵自己，採取積極的思考方式，忘卻過去的失敗，一心爭取成功的甜美果實。

現在你了解了：

享受工作樂趣，就是成功的祕訣。

第31天

樂在其中

The object of living is work, experience, happiness.
There is joy in work.
All that money can do is buy us someone
else's work in exchange for our own.
There is no happiness except in the realization
that we have accomplished something.

——*Henry Ford*

生活的目的是工作、體驗、追求幸福。工作中有樂趣。
金錢的效用只不過是以我們的勞務換取他人的勞務。
不能感受自己有所成就，便無幸福快樂可言。

——亨利・福特

樂趣是成功、財富與幸福的前驅和後果。樂趣發自內心，顯示你欣然肯定自己在工作和成就上的價值。能享受工作樂趣，表示你欣賞自己的行事爲人，並且感覺到自己的成長。喜悅是成功散發出來的光芒，使你容光煥發，人人都樂於親近你。你放射出信心和勝任愉快的氣氛，而大家都希望感染這樣的氣息。工作的樂趣是所有事業和生產力的潤滑劑。是的，保持內心的愉快——它是以成功、財富照亮這個世界的火種。

什麼是樂趣？樂趣是：

J：全力做好工作（a job well done）。

O：樂觀（optimism）。

Y：重視你自己（you）。

全力做好工作而獲得滿足感是無與倫比的。傾盡全力絕不會令你耗竭殆盡，反而使你充滿自尊心，心安理得。全力做好一件工作之後，在家度過一個寧靜的夜晚，利用週末出外釣魚，或存錢準備來日度假，這些生活的享受都是給自己的最佳報償，能令你舒暢無比。

樂觀與樂趣不可分割。樂趣來自確知自己的生活和工作終能於人有益；樂觀則是預期自己和別人都能展現最好的一面，是一種堅定的信心，相信自己不論遭遇怎樣的波折坎坷，都會盡其所能，化險爲夷。

樂趣就是你自己

最後，樂趣就是你自己。你自己是工作中歡愉與滿足的根源。樂趣不假外求，也不能與短暫的沈醉或一時的逃避混爲一談。週末的派對雖然歡樂，但千萬不要說：「我只有在週末才覺得快樂。」要讓每一天值得欣喜：「可喜可賀，又是一天開始了。」發自內心深處的喜悅，是一種歷久彌新的感覺，它將我們得意與失意的各種經驗，都化爲多彩多姿的人生片段，也使工作有了意義和目標。

至此你已經領會這套享受工作樂趣的心法了。你現在精力充沛、士氣昂揚，可以盡情發揮潛能。你應多買幾册本書，分贈友人，讓他們也能分享並散播工作的樂趣。至於自己的這册書，你應該留存起來，隨時翻閱，作爲邁向充實而滿足的事業前程指南。

每過一段時間，便重讀本書一遍，看看你的進展如何，有哪些地方還需要改進，同時詳讀最切合目前工作狀況的章節，在對你特別重要的段落下畫線做記號。我們撰寫本書的目的，是希望在你疑慮或猶豫的時刻助你一臂之力。重讀數次以後，你可能只需要查閱「即知即行」的建議或每章末尾的銘言，就可以重新校正自己的方向。在工作日的每一天早晨，設法讀本書一章，或在每晚臨睡前複閱一章，好將這一天的經驗融入你的工作樂趣之中。

這是你專用的書，在你的工作生涯中，每一年、每一月、每一日都用得上。

我們希望你每天早上醒來都有理由感到欣喜，希望你的生活因方向明確而充實美滿，希望你的工作觀日益堅定，引領你安然度過每一個困苦或順遂的日子。

工作的樂趣在你自己。工作時，表現出你獨一無二的特質——你是一個最有價值的人，擁有信心、決心和善心。你內心的喜悅散發出精力和信心，與你接觸的人都會深受感染。

當你了解了這些，便已得到工作的樂趣。

一百版紀念感言

「樂」自心中來

魏特利

你在等待成功嗎？如果是，那成功永遠不會來到。

成功就是作你自己；它就在你每天要過的日子裡。成功不是臨頭的獎賞，也不是最終目的地，而是你巡行、耕耘、照料自己「花園」的一條路。

「樂在工作」的想法在西方文化中並不普遍。美國和其他西方國家裡受歡迎的是，「立即的滿足」和「感謝上帝，星期五又來了」的心態。美國人每年打的官司，多過全球其他國家訴訟案的總和。我認爲，主要原因是人們期待不勞而獲——如果他們透過訴訟從某家公司或某個人身上贏來一筆錢，就可以辭掉工作，省得再爲社會盡任何心力。

許多人把「工作」看作是週末和假期之間，一段無聊至極的時光。如果他們能打贏官司或者中了彩券，即可自此無憂無慮。不幸的是，很多孩子從小就被灌輸這樣的想法，以爲只有在不必工作、荷包又滿滿的時候，才能享受人生。結果長大後，他們討厭

工作，盡其一生都在追求金錢，奢望過更多逍遙自在的日子。

密西根大學心理學家史帝文生（Harold W. Stevenson）以超過七千名的美國小學至初中的學生，與台灣、中國大陸和日本的學生作比較。結果發現，不管是幾年級，美國學生數學成績都是最差的。然而，四組學生的智商並沒有什麼不同。這提醒我們，家庭可能是造成差異非常重要的因素。答案在於父母不同的家教方式，原因雖然簡單，影響卻很大。當亞洲國家的父母被問到孩子的成績為什麼好，他們通常回答：「因為用功。」相對地，美國的父母則把孩子的成就歸功於「天賦」。

尋找心中之樂

想要在二十一世紀成為孩子、員工與國家真正的領導者，必須要擁抱「成功來自耕耘多於天分」的觀念，並且以身作則。而想要真正成功且歷久不衰，另一個重要的因素是，致力於一份自己喜愛又天天期待的職業。這不僅可以造福他人，也能造福未來的世代。「樂在工作」的哲學可以濃縮成一個句子：

找個挑戰你能力與想像力的工作，這讓你精神振奮、投注很寶貴的資源，一分一秒都不願浪費，如此你才是真正的富有。

依我對亞洲文化的觀察，我深信二十一世紀的確可被冠以「太平洋的世紀」。亞洲人的價值觀、文化、工作觀以及堅毅的精神，將在可見的未來，使全球經濟、社會領導權的重心，轉移到太平洋盆地的國家。

不久前我因爲一次巡迴演講，走訪了不少亞洲開發中國家。我很高興地發現，除了經理人與企業家外，還有好幾千名青年男女來聽演講，從青少年到企業的新兵都有。最讓我印象深刻的是，我書中所寫的，亞洲家庭早就知道而且已經身體力行。我相信看過《樂在工作》的讀者，乃是更深切地體會他們已有的觀念。

工作中自有樂境。錢所能買的一切，也無非是與另一些人的工作成果作交換。樂境來自心中。終究，你還是得爲一個主要的觀衆而演出：那就是你自己。你要從自己的夢想、目標價值與信念，來衡量自己的表現。

讓自己去聆聽、去感覺那「內心的掌聲」和努力打拚得來的快樂，並且用心去追求你該擁有的最大成功。

（作於一九九三年七月）

附錄

是人在前進，是書在改版

是一本書，連結時間，出版超過二十年，持續影響超過百萬的台灣讀者。

是一本書，連結空間，讓成長於花蓮的徬徨青年，在台北發現前進的可能。

是一本書，連結生命，讓一名學校工友，蓄積成為文化事業總經理的實力。

身為出版工作者，我們總是盼望一本好書，會在一個時空，對某個翻閱的讀者產生良善的影響。我們一直堅持這種信念，因為天下文化出版公司創辦以來第一位總經理林天來，就一直在我們身邊。

參加一九八六年《樂在工作》徵文比賽，當時是花蓮女中學校工友的林天來獲得首獎，因此機緣，從一名普通讀者成為「天下文化」倉庫管理員，並在這家公司任職十三年後，成為這個事業群的總經理。

本附錄收錄天下文化創辦人高希均教授一九八七年〈我們需要第二本帳〉一文，其中林天來的故事是文中實例。另外，收錄林天來《樂在工作》徵文比賽首獎作品及得獎感言，及二〇〇二年林天來就任天下遠見文化事業群總經理時的文字記錄，一同見證「讀書的力量」。

（編按・二〇〇七年）

我們需要第二本帳

高希均・一九八七年
天下遠見文化事業群創辦人

在現代社會中，自己應當要有一本「個人收支帳」——詳細記述各項收入與支出。兩者的比較，就會產生三種可能：儲蓄、平衡與負債。經由自己的安排，退休的時候，總希望收支帳上產生儲蓄，這樣不僅可以增加自己的安全感，也可以減少親友的照顧或社會的負擔。

透過這一本「個人收支帳」，可以反映小我在經濟活動中的參與。

另一本帳不是逃稅的假帳，而是一本「社會收支帳」。它記載個人、企業、政黨、宗教團體等對社會所產生的正面貢獻與負面效果。可惜因爲它牽涉到經濟學上所謂的「外部效果」，既不容易正確地以數字來表示，又不容易確定責任的歸屬，因此，這本帳一直是一片空白。

今天社會上一些觸目驚心的例子，正顯示出社會收支帳上日益增加的負債面。以三

月七日聯合報五版的一些標題爲例：

‧牌上做暗記，輸贏早定；賭博遇郎中，橫生枝節。

‧綁架小學生，勒索五十萬。

‧賓士園建照弊嫌案波濤盪漾，又二名官員昨被收押。

‧輸日紅豆罐頭，暗藏安非他命，價值八億日圓。

這些賭博、綁架、貪污、走私等，全是個人的犯法行爲，但是受到傷害的則是他人的財產、生命、政府的信譽及國家的形象。在這些犯法者的社會收支帳上，就會出現可怕的巨大的赤字。

在同天聯合報的二版上，也有這樣的大標題：

‧革新非空談，決策要明快；政府非萬能，少作晚娘狀；執政黨籍新銳立委，昨在立院聯合出擊：疾呼剷除特權貪污、言詞犀利氣勢不凡。

‧全民保險哪天可實現，支票開出民國八十九年。

‧公共工程，議價浮濫；公開招標，杜絕流弊。

‧民衆頻頻自力救濟，立委要求政府內省。

‧施政方針，了無新意；立委質詢，愛深責切。

這些標題所反映的是，政府部門的社會收支帳上到底是盈餘還是虧損？在民主社會

中，當人民認爲政府所做的正面貢獻大於負面效果時，執政黨就會繼續執政。

從個人觀點看，「社會收支帳」實際上就是衡量個人與社會之間「取」與「給」的關係。要做一個對社會有貢獻的人，必須要在自己身上落實，就是要取之於社會者少，給之於社會者多。

台灣是一個進步中的社會，儘管有一些人在他們的社會收支帳上有可怕的赤字，但是有更多的人在台前、在幕後、在都市、在鄉村、在工作上、在下班後、在出錢、在出力等的方式下，把他們的社會收支帳的右邊資產（貢獻）加大，把左邊的負債（傷害）減少。這些人對消費者權益、生態保育、社區環境、書香社會、藝文活動等，都在熱心地提倡與參與。

走到人生盡端的時候，這些對社會付出心力的人，在個人收支帳上，也許很少儲蓄，但他們的社會收支帳上，則會是一片盈餘。

讓我來敘述一個自己經歷的故事。

去年暑假「天下的書」爲《樂在工作》一書徵文時，得到首獎的是遠在花蓮的林天來先生。使我們驚喜的是林先生只有二十六歲，高中畢業，在花蓮女中擔任校工。在得獎的論文中，他寫著：「⋯當我再次拿起鋤頭和圓鍬，默默地在校園內種花除草的時候，這已經不是一份討人厭的工作了；而是懷抱著一份感激之心的工作，期望花開的日

子能夠早些到來……。」

去年八月二十二日颱風之夜，到達花蓮時，林先生迎於車站，我終於見到了這位樸實、熱愛鄉土、而又有理想的年輕人。在他的陪伴下，次日上午我們一起參觀了花蓮市的「家扶中心」。

上個月在天下叢書舉辦的作者、譯者、讀者新春聯誼會上，他特別趕來台北參加這次聚會。次日的民生報對他有這麼一段描述：「林天來覺得種花、種草、掃地、倒水的校工生活自有它的意義，他愛看書，從看書中體認到：工作不同，人格一樣。」

三天之後，花蓮市的家扶中心寄給我一封信：「林天來先生把你們給他的一千五百元車馬費以你們的名義捐給了我們中心。」

一位收入不多的年輕人能如此慷慨捐贈，不會使那些專做假帳的富商巨賈羞愧嗎？在林天來的兩本帳上，他所要追求的是那本社會收支帳上的盈餘。

人，如果爲小我而活，他所看到的只是一本個人收支的小帳，斤斤計較帳上的收支。所求者是一時，所爭者是私利。

人，如果與大我一起發展，所看到的就會是一本社會收支的大帳，時時所盤算的是這本大帳上的盈虧，所求者是千秋，所爭者是公利。

一個高附加價值的現代人，就是一個把社會收支帳看得比個人收支帳更重要的人。

個人收支帳的赤字，損及者是個人。

社會收支帳的赤字，損及者是社會大眾及下一代子孫。

虛報個人收支，應當得到國家法律的制裁；漠視社會收支的平衡，則有自己良心的制裁。

為自己的良心，也為下一代子孫，人人需要另一本帳。

（原載於一九八七年八月十五日《聯合報》）

生命的光彩

《樂在工作》徵文比賽首獎作品

林天來・一九八六年
花蓮女中工友

記得在禪宗的公案中，有一則弟子向達摩祖師請教的對話：

弟子語達摩祖師云：「我心不寧，求師父予我安心。」

祖師云：「拿心來，我為你安。」

弟子云：「找不到心。」

祖師云：「我為你安好了。」

這則公案，具有很深遠的禪意。時隔一千五百年後，找不到心，依舊是現代人的悲哀；心不安，尤其是年輕人的苦悶。然而，《樂在工作》這本書，不僅讓現代人重拾失落的心，更安撫了青年人掙扎、苦悶的心靈。

我是一名年輕的校工，在「天下的書」雙月刊中，發現《樂在工作》這本書。當我還沒有讀它的時候，實在不相信校工的工作，會有什麼樣的樂趣可言？我也不相信，一

本書眞能帶給人們樂在工作的喜悅。我只相信「錢」，因爲錢是我勞力工作的唯一報酬，我任人使喚三十一天之久，爲的是—能在每個月初一領到一萬元的薪水，如此而已！我和許多年輕朋友一樣，經常幹一行怨一行地抱怨著：自己是大材小用、懷才不遇、時不我予……。

然而，當我在四月十六日收到《樂在工作》這本書的時候，一切的一切都爲之改觀了。這本書的序文中：「工作不是爲了生存，而是要把個人的生活賦予意義，把一己的生命賦予光彩。」近二個月來，這段話一如暮鼓晨鐘般，敲醒困惑自己的惡夢，也敲醒了自己不安的心思。

失意不可忘形

當我再次拿起鋤頭和圓鍬，默默地在校園內種花除草的時候，這已經不是一份討人厭的工作了；而是懷抱一份感激之心的工作，期望花開的日子能夠早些到來。當我再次拿起掃把掃地的時候，這已經不是一份丟人現眼的工作了，而是一分耕耘一分收穫的代價，也是一種挑戰，更是有一份完成後有喜悅成就感的工作。因爲重新認識自己的工作，進而由衷地尊重這份工作的價值，於是我一刻都不敢放鬆地充實自己、鞭策自己。

有人常說：「不可得意忘形。」但我卻深深感受到「失意尤其不可忘形」這句話的

難能可貴。一個人處於逆境，更需要能夠自得其樂，堅持既定的人生目標，全力以赴；畢竟失意的人不僅沒有悲觀的權利，也沒有悲觀的時間了。我以前相信「努力並不一定會爲自己帶來成功」這句話，現在依然相信！但我現在尤其明白：每一位成功的人，都是經過一大段「樂在工作」的歲月，努力而來的。

《樂在工作》這本書，引述了《聖經》箴言書中的句子：「他內心認爲自己是怎樣的人，他就是怎樣的人。」相同的，工作的悲哀與痛苦，是自作自受的，工作的喜悅和樂趣，也是自找自尋的。聰明的朋友，我們選擇苦在工作還是樂在工作呢？

得獎感言

從天下叢書編輯部通知我得獎至今，一直不敢相信這一切會是眞的！但我卻由衷期盼「假如我是眞的」；因爲我已迫不及待地把這份意外喜訊，告訴了家人和關心我的朋友。

學校裡我讀「機工科」，社會上學的是「電工」，現在做的是「雜工」，喜歡的卻是「文史研讀」；我不知道何以如此複雜，但那個人確實是「我」。

我是中學裡一名年輕的校工，或許是出於自卑感作祟，以往在工作環境中，總是感受到：一個人的職業，竟然和人格是成正比起伏的。爲此，我困惑而懊惱不已！

在許多深夜裡，我苦思苦尋，爲了那遙不可知的未來而掙扎、努力。所謂「天助自助者」，老天爺最是慈悲爲懷的，他也只能幫助那些—自己幫助自己的人。於是，唯有自我肯定、自我超越和自我期許，才是最爲眞實可靠的。

而今而後，我依然不知道自己的生命有沒有意義和價值？但我終於明白：如何安排每一天的生活，讓其充實而愉快，卻是自己刻不容緩的責任與權利。

我尤其明白，當掌聲過去的時候，一切又將歸於平靜而重新開始。

一個工友的故事

我只能拼命向前

林天來．二〇〇二年
天下遠見文化事業群總經理

誰會想到，二十年前播下的一顆種子，二十年後成就了一片森林。

誰會想到，十三年前的一個工友，今天是一家文化產品公司的總經理。

我，林天來，生長在花蓮一個清寒的家庭，家中有九個兄弟姐妹，父母親沒受過學校教育。從小半工半讀、高工畢業的我，全家學歷最高。

一九八四到一九八九年間，我在花蓮女中擔任工友及圖書館管理員。近五年的時間裡，我白天種花除草、掃廁所、洗游泳池……，夜深人靜時刻，我儘量減少睡眠時間，認真讀書。

一九八六年天下文化出版《樂在工作》一書，並舉辦全國徵文比賽。當時我在醫院看護內人，深夜裡讀完這本書，就以自身體驗寫了一篇「校工的生活」參加徵文。非常幸運的，幾個月後接到通知，我獲得了首獎。

更幸運的是，那次徵文得獎之後，我有幾次機會見到高希均教授，並常常寫信向他陳述自己的志趣與抱負。

一九八九年，當時二十九歲的我「拋妻棄子」，帶著三套衣服和一萬元現金，從花蓮搭自強號火車到台北，如願進入天下文化工作。住在倉庫的我（可以免費看書到深夜），從書籍的倉管和發行工作做起，先後擔任行銷、企劃、副主任、副理、經理、社長特別助理、副總經理等職務。多年來，雖然職稱和職務不同，但工作態度不曾改過，始終爲好書的出版與行銷，熱情地樂在工作。

非常幸運的，二○○二年二月二十二日我受命爲天下文化出版公司總經理，這一天正是我前來台北工作滿十三年的日子。記得那天夜晚，我在筆記本上抄下胡適之先生的一首詩：「偶有幾莖白髮，心情微近中年，做了過河卒子，只能拚命向前。」身爲出版工作的一名小兵，受之於社會的太多太多了，除了拚命向前，我沒有其他選擇。

總經理這個職務唯一的責任，就是爲公司「賺錢」，可是我們認眞、拚命地「賺錢」，背後的意義是推廣了一本本的好書，爲社會播下了一顆顆進步觀念的種子。我們相信因賣書而賺的錢是「小錢」；讀者因買書而得的利是「大利」。

十六年前的一本書和一次徵文，改變了一個工友的生命。我多麼盼望能有更多更多的朋友，在讀書中找到快樂、找到知識、找到力量、找到希望、也找到方向。

二十年前高希均教授和王力行總編輯播下一顆種子，經過同事們的努力，和讀者的支持，二十年後成就了一片森林。而「天下文化」下一個光彩的二十年，就要從今天開始……。

（本文摘自二〇〇二年天下文化二十週年特刊）

國家圖書館出版品預行編目(CIP)資料

樂在工作：在工作中得到成功、財富與幸福/丹尼斯.魏特利(Denis Waitley), 芮妮.薇特(Reni L. Witt)著；尹萍譯. -- 第三版. -- 臺北市：遠見天下文化出版股份有限公司, 2021.04
面；　公分. -- (工作生活)
譯自：The joy of working : the 30 day system to success, wealth, and happiness on the job
ISBN 978-986-525-149-9(平裝)

1.職業倫理 2.職場成功法

198　　　　110005659

工作生活 BWL 088

樂在工作

在工作中得到成功、財富與幸福

The Joy of Working

The 30 Day System to Success, Wealth, and Happiness on the Job

作者 ── 丹尼斯・魏特利（Denis Waitley）、芮妮・薇特（Reni L. Witt）
譯者 ── 尹萍

總編輯 ── 吳佩穎
人文館總監 ── 楊郁慧
責任編輯 ── 陳秋美、陳怡蓁、林家瑜、吳怡文
封面設計 ── 陳文德（特約）

出版者 ── 遠見天下文化出版股份有限公司
創辦人 ── 高希均、王力行
遠見・天下文化 事業群榮譽董事長 ── 高希均
遠見・天下文化 事業群董事長 ── 王力行
天下文化社長 ── 林天來
國際事務開發部兼版權中心總監 ── 潘欣
法律顧問 ── 理律法律事務所陳長文律師
著作權顧問 ── 魏啟翔律師
社址 ── 臺北市 104 松江路 93 巷 1 號
讀者服務專線 ── 02-2662-0012 ｜傳真 ── 02-2662-0007；02-2662-0009
電子郵件信箱 ── cwpc@cwgv.com.tw
直接郵撥帳號 ── 1326703-6　遠見天下文化出版股份有限公司

製版廠 ── 東豪印刷事業有限公司
印刷廠 ── 柏皓彩色印刷有限公司
裝訂廠 ── 台興印刷裝訂股份有限公司
登記證 ── 局版台業字第 2517 號
總經銷 ── 大和書報圖書股份有限公司｜電話 ─ 02-8990-2588
出版日期 ── 2021 年 4 月 30 日第三版第 1 次印行
2024 年 1 月 22 日第三版第 3 次印行

定價 ─ NT380 元
ISBN ─978-986-525-149-9
書號 ─ BWL088
天下文化官網 ─ bookzone.cwgv.com.tw